EL DUENDE VERDE

ANAYA

Para la explotación en el aula de este libro, existe un material con sugerencias didácticas y actividades que está a disposición del profesorado en nuestra web.

Título original: *Tremendo de Coragem*

Juan Ignacio Luca de Tena, 15. 28027 Madrid
www.anayainfantilyjuvenil.com
e-mail: anayainfantilyjuvenil@anaya.es

1.ª edición, marzo 2014
6.ª edición, julio 2020

Diseño: Taller Universo
ISBN: 978-84-678-6100-6
Depósito legal: M-2610-2014

Impreso en España - Printed in Spain

EL DUENDE VERDE

Sérgio Klein

UN ESQUELETO INQUIETO

Traducción: Jesús Marín Mateos
Ilustración: Bea Tormo

A mi padre, Nicolau,
por enseñarme a ser niño.

El correr de la vida lo embrolla todo, así es la vida:
calienta y enfría, aprieta y entonces afloja,
sosiega y después importuna.
Lo que quiere de uno es valor.

JOÃO GUIMARÃES ROSA, *Gran Sertón: Veredas*

OBJETO VOLADOR NO DESEADO

UN AVIÓN de papel volaba por el aula, pasó rozando la cabeza de los de la primera fila y casi se encalla en el moño de la profesora de Lengua. Por suerte, doña Lea estaba de espaldas a la clase terminando de escribir en la pizarra las reglas de ortografía, y no vio el avión posarse en la mochila de Biel.

Pero... ¿he dicho suerte? Depende. Para quien lanzó el avión, el Bola, fue aún mejor que si le hubiera tocado el gordo de la lotería, ya que doña Lea jamás toleraba que se hablara en clase, ¡pobre del que se atreviera! Por eso, cuando la clase hubo guardado silencio, se cruzó de brazos y carraspeó. Siempre que se pone nerviosa tiene unos enormes ataques de carraspeo y la voz le sale desafinada y ronca, tanto, que los alumnos tienen que morderse los labios para no soltar una enorme carcajada. Nadie cuchicheaba, bostezaba ni roncaba, pero así y todo la profesora interrumpió la explicación porque podía oír un zumbido, ¿qué sería?

Un mosquito desprevenido se empeñó en hacer acrobacias alrededor del moño de doña Lea que se giró a cámara lenta y… ¡zas! El borrador que aniquiló al insecto casi mata del susto a todo el mundo. Los que copiaban los apuntes hicieron un garabato en el cuaderno, e incluso las letras de la pizarra se desmoronaron produciendo una nube de tiza.

Imagínatelo: si arma ese numerito solo a causa de un insignificante mosquito, ¿qué no sería capaz de hacer si un avión aterrizara en su moño? Por eso digo que el Bola tuvo mucha suerte. Aunque la suerte, al igual que una moneda, lleva el azar en el reverso. ¿Imaginas qué pasaría si a todos los jugadores les tocara la lotería? Pues el desafortunado, en este caso, fue Biel. Se concentraba en el cuadro y terminaba de apuntar los deberes, cuando de repente vio la aeronave posarse junto a él. Por la cara que puso, parecía que el avión de papel era un platillo volante enemigo. Pero en el ala había un siniestro mensaje:

Ha llegado tu hora. Nos vemos a la salida.

De repente le entraron ganas de hacer pipí. Cuando se giró la profesora, Biel levantó la mano

y pidió permiso para ir al baño. No lo pidió, lo imploró. La profesora no quería dárselo, la clase estaba a punto de acabar; ¿realmente no podía aguantar un poquito más? La verdad es que no podía y acabó convenciendo a doña Lea —que jamás tolera el zumbido de los insectos, a quien los alumnos llaman doña Leona a sus espaldas, a quien le dan ataques de alergia al descubrir que falta un acento o que alguna coma está fuera de lugar— de que lo dejara salir un poco antes de sonar el timbre. A regañadientes y con su típico carraspeo, le dio permiso.

Biel cruzó el pasillo como si fuera una estrella fugaz, entró en el baño abriéndose la cremallera de los *shorts* y orinó con los ojos cerrados a la vez que sonreía de alivio. Por un segundo, incluso se olvidó de la amenaza del Bola. Fue al lavabo, se echó agua fría en la frente y se miró al espejo sin pestañear. Intentó imaginarse su cara pasados cinco minutos. El ojo morado y, sin duda alguna, hinchado. Quizás con un corte en el cuello que necesitase puntos. ¿Pero cuántos? Al pensar en la aguja de la anestesia, sintió otro apretón de tripa, aunque ya no le quedaba pipí para aliviarse. También era posible que perdiera algún diente, o que le sangrara la nariz, o la oreja... ¡Ya viene! Alejó esos pensamientos sacudiendo la cabeza y acercó cas no tenían que preocuparse, ya que el Bola nunca se atrevía a pegar a una mujer. Pero los chicos no tenían salvación. Con la única excepción de Breno y Bruno, que a cambio de protección actuaban de guardianes, casi todos los compañeros ya habían recibido su lección. Y algunos con derecho a repetición.

Muchos intentaban domar al matón, aunque no es nada fácil derrotar a un adversario con tanta tripa y gaznate. Una solución podría ser convocar a todos los compañeros y planear una estrategia bélica: mientras unos sujetaban a los pit bulls, los demás se lanzarían sobre el Bola. ¿Pero cuántos alumnos había en la clase? ¿Estarían todos dispuestos a participar en esa lucha?

Biel sabía el teléfono de algunos compañeros, lo que le faltaba era el ánimo para llamarlos. Cuando finalmente llegó a casa, ya anochecía. Dejó la bicicleta al lado del garaje, olvidándose de coger la mochila. Fue directo a la cocina, atraído por el olor a tarta de chocolate. A Neusa le extrañó la hora:

—Ya estaba preocupada, hijo. ¿Has tenido clases extra?

Como no quería inventarse ninguna mentira, decidió contar media verdad.

—Hoy, no. Es que… después de la clase me entraron ganas de ir al baño, solo eso.

Neusa se secó las manos en el delantal y tocó la cabeza de Biel, quizás tuviera fiebre. Para demostrar que se encontraba bien, él mismo cortó un trozo del pastel y se lo comió junto a los fogones.

—Espera que se enfríe, niño. Después te quejarás de dolor de tripa.

En el fondo su madre estaba aliviada: ¡el hambre es señal inconfundible de salud! En ese momento apareció Cris en la cocina y apuntó hacia Biel.

—¿Qué comes? Yo quiero.

María Cristina era la benjamina de la familia, aunque el nombre era demasiado largo por lo que todos la llamaban Cris. Bueno, no todos. A veces Biel estaba de broma y se inventaba otros nombres como Cruz o Cricri.

—Es pastel de chocolate —explicó la madre—. Pero todavía está caliente.

—¿Y por qué se lo come Biel? —preguntó Cris con una mano en la cintura, mientras en la otra sujetaba una muñeca.

—Está bien —Neusa tuvo que ceder—. Te voy a dar un trozo.

—Mejor dos, mamá. Julieta dice que también quiere.

Biel no pudo contenerse y comenzó a reír. Como tenía la boca llena, la migas del pastel volaron hasta la pared de la cocina.

—Gabriel, mira todo lo que has ensuciado —dijo Neusa señalando al suelo—. Por eso siempre hay tantas hormigas en la cocina.

Cuando la madre o el padre se ponían nerviosos, Biel era Gabriel. Él se justificó:

—Discúlpeme usted, pero ya es demasiado. ¿Dónde se ha visto una muñeca que habla? Y que, además, pide tarta.

Cris encogió los hombros con desprecio e intentó consolar a Julieta:

—No tengas en cuenta a mi hermano. Cree que eres muda.

Su madre le dijo a Biel que se diera una ducha y dejara a su hermana en paz. Antes de ir al baño decidió volver al garaje, ya que había olvidado los libros en la bicicleta. Mientras desataba la mochila y pensaba en voz alta:

—Hablar con una muñeca —decía moviendo la cabeza—. Mi hermana se está volviendo loca.

La respuesta fue rápida y con mal humor:

—YO NO LO CREO.

Biel se llevó tal susto que dejó caer la mochila. Retrocedió hasta la pared, echó una ojeada alrededor y solo vio periódicos antiguos, una pila de neumáticos desgastados, botellas vacías de líquido refrigerante y la caja de herramientas de su padre. Así y todo preguntó:

—¿Hay alguien ahí?

—Está claro. ¿Acaso no me ves?

Biel caminó de puntillas hacia la entrada del garaje y abrió la puerta rápidamente para coger in fraganti al gracioso que quería divertirse a su costa. Pero no había nadie. Por un segundo pensó que era él, y no su hermana, quien había perdido la cabeza. Iba a salir corriendo, pero volvió a oír la misma voz.

—Aquí, aquí. Justo frente a ti.

Frente a Biel estaba la bicicleta. Se acercó con cautela como si un ladrón invisible estuviera sentado en el sillín. Aunque la voz parecía venir del manillar:

—Perdona, Biel. No quería asustarte.

Solo entonces fue consciente de con quién hablaba, o con qué. Y se arrepintió en ese momento de haber dudado de su hermana. Sonrió, aunque con la cara desencajada, y ya no tenía miedo. Se agachó junto a la bicicleta.

—¿Puedes hablar?

—¿Por qué pones esa cara de espanto?

—Es que... bueno... Nunca dijiste que podías hablar.

La respuesta tuvo el mismo efecto que unas cosquillas incontrolables, no sé cuál de los dos se reía más. Hacía poco tiempo que se conocían, la

BLA

MAL HUMOR O MAL *UMOR*

NEUSA tenía una empleada, aunque prefería llamarla secretaria. Se llamaba Lourdes, Lourditas, para los niños. Vivía al final de la calle más lejana de la periferia de los suburbios. Tenía que tomar dos autobuses para llegar al trabajo, por lo que no había día que no llegara tarde. Pero a ella eso no le preocupaba. Antes de recogerse el pelo con un pañuelo y coger la escoba, Lourditas echaba un vistazo al periódico sobre la encimera de la cocina. Concretamente a la sección de horóscopos. Respetaba al pie de la letra lo que decían los astros —o lo que decían de los astros— como si fuera un mandamiento divino: una vez llegó a tal punto que se negó a hacer el almuerzo porque leyó que ese día debía tener cuidado con el fuego.

¿Cómo pueden todas las personas del mundo, tan diferentes unas de otras, caber en apenas doce signos? Según las matemáticas de Biel, sería mucho más justo que cada persona tuviera su propio

Bla

bicicleta era su regalo de Navidad. Habían pasado juntos todas las vacaciones, viajando por la ciudad de un lado para otro, pero sin intercambiar palabra alguna. Y, de repente, Biel descubrió que hablaban el mismo idioma. Era hora de aclarar las cosas, pero no sabía por dónde comenzar. Y en ese momento le preguntó cómo se llamaba.

—Todavía no me han bautizado —respondió la bicicleta—. Y eres tú quien tiene que decidir mi nombre.

Si fuese un gato o un perro, sería fácil elegir. Pero no le pareció bien tratar a una bicicleta como si fuera una mascota. El sujeto era femenino, por lo que necesitaba un nombre de niña. Biel pensó en sus compañeras de clase y de repente dijo... «¡Eureka!». Pero la bicicleta habló primero:

—Yo quería llamarme... —dijo con suspense— ¡ISABELA!

¡Justo el nombre que Biel había pensado! Además de hablar... ¿sería adivina su bicicleta? Sorprendido por la extraña coincidencia, Biel no pudo resistirse a preguntarle:

—¿Y por qué Isabela?

—Es costumbre bautizar a las bicicletas con el nombre de la novia del dueño.

Biel sintió tanto ardor en las mejillas que casi despidieron humo.

—Pero... ¿quién te ha dicho a ti que Isabela es mi novia?

—La forma en que la miras al salir del colegio...

—Es tu impresión. Solo es una compañera de clase.

—Vale, vale. No hay que enfadarse.

—Compañera de clase —dijo haciendo hincapié—. Punto y final.

Isabela no insistió. No quería discutir con Biel, aunque su intuición de bicicleta le decía que eran algo más que buenos amigos.

UNA BICICLETA ALGO TÍMIDA

EL BAUTISMO de Isabela tuvo un efecto especial, la claridad que invadió el garaje de repente parecía una señal divina. Al mirar hacia la carretera, Biel vio que no asistía a ningún fenómeno sobrenatural: la luz provenía de los faros del coche de su padre, que acababa de volver de la oficina. Biel corrió a abrir la puerta del garaje para contarle las novedades.

—Mi bicicleta, papá... No te lo vas a creer, pero es verdad, te lo juro.

—¿Qué ha pasado?

—¡Me ha hablado! ¡Puede hablar!

Gerardo bajó del coche como un malabarista: además del maletín llevaba una bolsa de pan, un cartón de leche y una docena de huevos que Neusa le había pedido. Pensó en dividir los paquetes con su hijo, pero Biel salió corriendo a buscar la bicicleta y demostrárselo.

—Escucha, papá —dijo volviéndose hacia Isabela—. ¿Cómo te llamas?

No hubo respuesta. Quizás tenía que hablarle más alto.

—Te pregunto cómo te llamas. Me ayudaste a elegir tu nombre, ¿recuerdas?

Isabela seguía en silencio. Biel le sonrió a su padre y le entraron ganas de estrangular a aquel manillar elevado. Hizo un último intento:

—No quieres decirlo, no pasa nada. Pero por lo menos podrías dar las buenas noches.

¡Ni siquiera una palabra! Cansado de esperar a que la bicicleta hablara, Gerardo dijo que los paquetes pesaban y sería mejor dejar la conversación para otro día. Aunque intentó consolar a su hijo:

—Tendrá vergüenza. O quizás esté acatarrada y haya perdido la voz.

Biel se esforzó en bromear, pero en el fondo se sentía frustrado: su padre pensaría que aquella historia era producto de la imaginación o, en otras palabras, mentira. Así que Gerardo entró en casa, y el chico se enfrentó a la bicicleta:

—¿Por qué no quisiste hablar con mi padre?

—Él tampoco quiso hablar conmigo.

Enfadado por el atrevimiento de Isabela, Biel cogió la mochila y dejó la bicicleta en el garaje. Si no quería hablar, mejor dejarla sola.

De chico a chico

El TELÉFONO sonó cuando Biel pasaba por el salón. Dudó si responder o no. ¿Y si es el Bola? Decidió arriesgarse y respiró de alivio al reconocer la voz de Quique.

—¿Eres tú, Biel? ¿Te pegó el Bola?

—Todavía no. Aunque me persiguió, pero no me pudo atrapar.

—¿Vas a clase mañana?

—Tengo que ir. No puedo faltar al examen de Lengua.

—Entonces —recomendó Quique—, sería bueno ir con espinillera.

La semana anterior, el avión de papel se posó en la mochila de Enrique, más conocido por el nombre de Quique. Estaba aprendiendo *capoeira* y tenía muchas posibilidades de ganar la lucha. Pero uno de los dos pit bulls lo sujetó por la espalda —entre la confusión no dio tiempo a saber si fue Breno o Bruno— y no pudo defenderse de la patada que casi le rompe la pierna, ya que las botas del Bola tenían la puntera de metal.

Biel agradeció el consejo, pero no se atrevió a comentar que su bicicleta, cuando quería, hablaba. Colgó el teléfono y fue a su habitación a vaciar la mochila. Al atravesar el pasillo pasó frente al dormitorio de Cris y la sorprendió sentada en la cama, contándole un cuento a Julieta. Sobre el tocador había dos platos, ambos con restos de tarta, y no supo qué pensar. Se puede aceptar que una muñeca habla, al fin y al cabo su bicicleta tenía el mismo don. Pero... ¿que coma tarta de chocolate? ¡Seguro que era una estrategia para zamparse dos trozos! Tuvo la tentación de desenmascarar a su hermana, pero estaba tan cansado que decidió desistir.

En ese momento solo quería darse un baño muy caliente. En su habitación se deshizo de la mochila y se quitó las zapatillas de deporte, además de los calcetines y la camisa del uniforme. Se dirigió al baño en *shorts* y, antes de abrir la ducha, se acordó de mirarse los bolsillos. Solo así podría salvar las notas, adhesivos, mapas del tesoro y cromos repetidos que la lavadora solía descolorar o destruir, ya que después no merecía la pena colgarlos en el tendedero. Pero esta vez los bolsillos estaban casi vacíos: solo una tarjeta telefónica, con la foto de los jugadores de la selección nacional, y el avión del Bola arrugado.

Leyó y releyó el mensaje hasta perder la paciencia. Fue rasgando y perforando la nota hasta convertir la amenaza en confeti, lo echó todo al váter y tiró de la cadena. Listo, ya no se habla más. Entró en el baño convencido de olvidar el asunto, pero al cerrar los ojos para lavarse el pelo, imaginó al Bola diciéndole que intentar huir no serviría de nada. El susto lo dejó tan aturdido que la espuma del champú le entró de lleno en el ojo. ¡Cuanto más pestañeaba, más le picaba! Casi no pudo oír lo que le decía su madre que llamaba a la puerta:

—Venga ya, hijo. Ya te he preparado el batido.

Neusa, como toda buena madre, tenía la costumbre de hacerle batido de plátano. Pero Biel no tenía hambre. Se fue a la habitación, se quitó la toalla de la cintura, se puso el pijama y se acostó para repasar la gramática. La madre le dijo que no era bueno estudiar con el estómago vacío, o casi vacío, un trocito de tarta a nadie le llena la barriga. ¿No preferiría un bocadillo de jamón?, ¿un sándwich mixto?, *¿pizza mozzarella* con mucho kétchup? Biel respondía con muecas, lo único que quería era aprender las reglas de acentuación y las excepciones de la ortografía.

Cuando Neusa oyó que su hijo no quería comer, Gerardo tiró el periódico al sofá para averiguar qué ocurría. Encontró a Biel recostado en la cama, escribía en el cuaderno apoyado sobre las piernas cruzadas. Para la madre, era la prueba de que el examen del siguiente día le había quitado el apetito al niño. El padre, sin embargo, tenía otra teoría: ¿quién sabe si no estaba frustrado por no haber podido demostrar que la bicicleta hablaba?

—¿Qué estudias? —preguntó Gerardo sentando en el borde de la cama.

—Los acentos. ¡Hay muchas reglas que memorizar!

—¿Y por qué no inventas las tuyas propias?

—El chico no entendía. Gerardo cogió la gramática y puso un ejemplo:

—Veamos qué dice aquí. Mira esto: llevan tilde las palabras agudas que acaban en «N» o en «S». ¿A que suena difícil de recordar? Pero si te paras a pensar, ¡verás que es el caso de la palabra GORRIÓN!

El padre aprovechó la sonrisa de Biel para tratar otro asunto:

—Y lo de tu bicicleta, hijo…

—Ella habla —dijo Biel sin perder un segundo—. Te lo juro.

—No hace falta que lo jures. Te creo.

Entonces, Gerardo le contó a su hijo que cuando era pequeño también tenía un compañero inseparable: en su caso un patinete. Pero no de aluminio ni fibra de vidrio como los que se ven por ahí hoy en día, sino de madera barnizada, con ruedecillas y un rayo rojo pintado en el manillar. Y, por supuesto, también hablaba.

—Pero sucede que las bicicletas, al igual que los patinetes, solo hablan con sus dueños, ¿entiendes? Solo hablan con aquellos en quienes confían.

Biel dejó el cuaderno y le dio un fuerte abrazo a su padre. Tuvo la tentación de contarle lo del avión de papel, por qué no pedirle ayuda. Era consciente de que su padre no era un vil cobarde capaz de pegarle a un niño, pero podía hablar con el Bola, o quizás con su padre. El único peligro, pensó Biel, era que no se entendieran y decidieran pelearse uno contra el otro en vez de sus hijos. ¿Sería posible?

Pensándolo bien, quizás fuera mejor resolverlo él solo, de chico a chico. Y, si era necesario, compartir el problema con sus compañeros de clase.

MAL HUMOR O MAL *UMOR*

NEUSA tenía una empleada, aunque prefería llamarla secretaria. Se llamaba Lourdes, Lourditas, para los niños. Vivía al final de la calle más lejana de la periferia de los suburbios. Tenía que tomar dos autobuses para llegar al trabajo, por lo que no había día que no llegara tarde. Pero a ella eso no le preocupaba. Antes de recogerse el pelo con un pañuelo y coger la escoba, Lourditas echaba un vistazo al periódico sobre la encimera de la cocina. Concretamente a la sección de horóscopos. Respetaba al pie de la letra lo que decían los astros —o lo que decían de los astros— como si fuera un mandamiento divino: una vez llegó a tal punto que se negó a hacer el almuerzo porque leyó que ese día debía tener cuidado con el fuego.

¿Cómo pueden todas las personas del mundo, tan diferentes unas de otras, caber en apenas doce signos? Según las matemáticas de Biel, sería mucho más justo que cada persona tuviera su propio signo. Aunque de vez en cuando, solo por curiosidad, se entretenía en comprobar las previsiones de los astros. Fue justo lo que hizo esa mañana.

No había comido bien por la noche y le entraron ganas de comerse un sándwich mixto calentito. Mientras esperaba que la tostadora expulsara el pan, aprovechó que el periódico estaba abierto y le pidió a Lourditas que leyera el horóscopo.

—Los de tu signo —según dijo ella con tono solemne—, deben superar los obstáculos con determinación y entusiasmo. Saturno se cruzará por tu zodiaco y te dará más confianza y valor. Momento propicio para los cambios, lo cual traerá grandes sorpresas. Color: azul marino.

Lo que Biel quería saber, en el fondo, era si habría pelea. El periódico hablaba de sorpresas; ¿quizás el Bola sería finalmente derrotado?

Tras tomarse el café, desistió de descifrar los horóscopos y fue a ver a Isabela. Bastó una sola caricia en el manillar para que ambos volvieran a entenderse. Dieron un rápido paseo por el barrio y después se enfrentaron juntos a la gramática. Siguieron el consejo de Gerardo y crearon sus propias reglas, e incluso nuevas excepciones. Neusa no podía entender por qué Biel, que tenía un escritorio nuevo en su habitación, prefería estudiar en el garaje, sentado en el sillín de la bicicleta. Pero vio que Biel estaba algo triste y decidió no llevarle la contraria. Lo importante era que estaba estudiando. En el garaje o en su habitación, daba lo mismo. Al fin y al cabo, hay gente que lee en el baño.

La bicicleta también notó que Biel estaba diferente: no triste, sino preocupado. Después del almuerzo entendió la razón, al llegar al colegio y verse obligados a frenar bruscamente.

El Bola estaba de brazos cruzados entre los gemelos pit bulls, plantó su barrigota en la puerta e impedía la entrada de todos. No le gustaba pelearse durante la hora de clase, ya que siempre lo sorprendía por detrás algún profesor o bedel dando así fin a la confusión. Quería pelearse a gusto, sin nadie que lo perturbara, por eso señaló a Biel con el dedo y le dijo con rabia:

—Nos vemos después de clase. No tienes escapatoria.

Las primeras filas ya estaban ocupadas cuando Biel entró en clase: nadie osaba llegar tarde al examen de Lengua. Tuvo que conformarse con sentarse casi al final del aula, cerca de la mochila del Bola, que movía el puño para demostrar que buscaba bronca. Pero su amenaza acabó pronto. Doña Lea repartió los exámenes, se dirigió a la pizarra y escribió: *¡BUENA SUERTE!* Cuando dio la orden de que podían comenzar, una gota de sudor descendió por la frente del Bola y se perdió por entre la línea de la barbilla.

Sacaba punta al lápiz, apretaba la goma y mordía la punta del bolígrafo, todo sin conseguir pasar siquiera de la primera pregunta. Tras unos diez minutos, alargó el brazo y tocó a los pit bulls con la regla, aunque la respuesta de Breno no era igual que la de Bruno. ¿Cuál debía escoger?, ¿quizás hubiera una tercera? Decidió pasar a la siguiente pregunta, aunque los gemelos no la sabían. Desesperado, miró hacia un lado y susurró:

—¿Verdad que «humor» lleva hache? ¿O no?

Lo dijo tan bajo que tuvo que repetirlo. Biel respondió de mala gana:

—Depende.

—¿Cómo que depende?

—Depende de cómo me lo preguntes...

—No me líes. Quiero saber cómo se escribe.

El murmullo hizo que doña Lea carraspeara. Biel se volvió de frente, pero el Bola le tiró la goma a la nuca.

—¡Eh! ¡Biel! ¿Cómo se escribe «mal humor»?

Biel tenía ganas de coger la goma y tirársela, pero más fuerte todavía, apuntándole justo a la cara. Pero cambió de idea al darse cuenta que tenía la oportunidad de salvar la piel —no solo la

H

suya sino quizás la de toda la clase—. Se giró y respondió:

—Depende.

—¿Otra vez? —refunfuñó el Bola.

—Ahora depende de ti.

Biel intentó explicarse antes de que el Bola se enfadara.

—Si dejas esa manía de pelearte, te digo cómo se escribe «mal humor».

La propuesta causó un gran alboroto entre las mochilas vecinas, al fin y al cabo todos temían toparse con la barriga del Bola. Muchos compañeros se olvidaron del examen y esperaban, imploraban y hasta rezaban que lo aceptara. Doña Lea carraspeaba y no paraba de amenazar con ponerle un cero al autor del molesto zumbido. Fue una negociación difícil, pero Biel aceptó retirar el brazo del examen. A cambio, el Bola hizo una promesa solemne: nunca más lanzaría aviones de papel.

SORPRESA AZUL MARINO

LOS compañeros rodearon a Biel en el recreo, lo felicitaban, abrazaban y daban palmaditas en la espalda por tan gran hazaña: derrotar a la barriga del Bola solo con la cabeza. No tuvo que hacer cola en la cafetería, lo invitaron a un perrito caliente y a un zumo, y le llenaron los bolsillos de cromos y canicas. Pero el mejor regalo provenía de Isabela, una sonrisa que le hizo ruborizarse y le puso el corazón a cien.

Ese tratamiento de héroe dejó a Biel medio apabullado, aunque todos querían demostrarle su gratitud porque finalmente se sentían libres. De ahora en adelante, ya no tendrían que ir aterrorizados a clase, ni pasarían la humillación de ver a un compañero llevarse una tunda sin que nadie le pudiera ayudar.

Pero… ¿sería real esa libertad?

Biel salía tranquilo del colegio, pedaleando junto a Quique, cuando cercaron su bicicleta. Actuando, como siempre, en conjunto, Breno y Bruno sujetaron el manillar y el Bola puso el pie en la rueda delantera.

—¡Baja! —ordenó refunfuñando—. ¡Ya!

Quique preguntó qué pasaba, al fin y al cabo había prometido que nunca más le iba a pegar a nadie.

—Tú no te metas —dijo el Bola—. Solo tiene que ver con Biel.

—Pero hicimos un trato —dijo Biel.

—¿Y qué pasa? Pues he cambiado de idea.

Bruno tiró la bicicleta de una patada, Breno apartó a los compañeros que querían ayudar a levantarse a Biel. Con la ayuda de los gemelos amaestrados, el Bola se sintió como en un cuadrilátero y alzó los puños cerrados.

Si fuera un combate de boxeo de verdad, de los que salen por televisión durante la madrugada, diría que a Biel lo salvó la campana, llamada *gong*, que a cada hora interrumpe el combate para que los adversarios puedan descansar. Aunque lo que sonó en la entrada del colegio fue la bocina de un *jeep* más estridente que cualquier campana. ¡La bocina del *jeep* de Bolavo!

¿Sería entonces esa la sorpresa azul marino que leyó Lourditas en el horóscopo?

Biel se subió en la bicicleta, cruzó la puerta con prisa y casi pasa por encima del Bola. El pedal sirvió de trampolín para alcanzar el cuello de Bolavo, que le dio un enorme abrazo y puso la bicicleta en la parte de atrás del *jeep*. Finalmente arrancó el motor y les preguntó a Biel y a Cris, que estaba sentada entre los dos con la muñeca en el regazo:

—¿Os apetece una *pizza* de doña Dulce?

En realidad se llamaba Olavo, pero los nietos no hacían la pausa entre «abuelo» y su nombre. Trabajaba en una empresa de medicinas, vendía remedios y cosméticos en la farmacia de la zona. La profesión que figuraba en su carné era representante comercial, pero él decía que era viajante —sin vergüenza alguna— y hasta con cierto orgullo. Vivía, de hecho, en la carretera, en compañía de un maletín acolchado y de su *jeep* azul marino, al cual le quitó la capota para que fuera a juego con su calvicie.

La abuela Dulce sufría con esos viajes, aunque quejarse no servía de nada. Cuando le decía que ya no era un niño para andar de un lado para otro, Bolavo repetía el mismo estribillo:

—Me siento cada vez más crío.

Los niños saltaron del *jeep*, entraron rápido en la casa, le dieron un beso fugaz a la abuela Dulce y fueron hacia el jardín para ver quién llegaba primero al columpio colgado del mango. El árbol crecía junto a la valla trasera, al otro lado del huerto, al fondo de un laberinto de guayabos, papayos, naranjos, aguacates, guapurús, pitangas y muchos otros arbustos. El zigzag entre los troncos no era el único obstáculo, también tenían que sortear a los perros, cabritos, patos, gallinas, cobayas y conejos, sin mencionar los pajarillos que picoteaban los granos del suelo, sin temer que hubiera trampa alguna ya que el jardín de los abuelos era un zoológico sin puerta ni vallas.

Biel tenía más edad y más piernas para ganarle la carrera a Cris. Pero a pocos metros del mango tropezó con una tortuga y se fue a dar contra el muro, por lo que Cris y Julieta pudieron subirse tranquilamente al columpio. Antes de que comenzaran a pelearse, la abuela Dulce les avisó desde la ventana de la cocina de que la *pizza* ya estaba lista.

Bolavo era experto en contar chistes, hacer muecas e imitar los sonidos de todos los bichos del jardín. Pero su especialidad era realmente la magia. Mientras sacaba la *pizza* del horno decidió hacer uno de sus números predilectos y sacó una moneda de un centavo del bolsillo de la chaqueta. Luego les pidió a sus nietos que soplaran, Biel por una cara y Cris por la otra, murmuró unas palabras extrañas, se la puso en la mano y cerró el puño. Al estirar los dedos… ¿dónde estaba el dinero? Biel encontró la moneda debajo de la pila de servilletas de papel. Pero lo más impresionante era que... ¡ahora la moneda era de diez centavos!

Los niños le rogaron que lo hiciera de nuevo y soplaron la moneda con tanta fuerza que esta vez volvió a aparecer debajo de la lata de aceite, y era nada más y nada menos que de cincuenta centavos. ¿Te imaginas una magia que transforma las monedas y da intereses?

Cuando la abuela Dulce se inclinó sobre la mesa para dejar la bandeja, la moneda había desaparecido de nuevo. No perdió tiempo alguno, estiró el brazo rápidamente y... ¡sacó un reluciente real de detrás de la oreja de su mujer! Ella se rio de la cara de sorpresa que pusieron los niños y cogió el cuchillo para cortar la *pizza*.

—Cinco trozos —dijo Cris, señalando a la muñeca—. Julieta también quiere.

La abuela Dulce asintió y fue a por otro plato. Biel estaba convencido de que Cris se aprovechaba de su muñeca para comer el doble, y utilizó su autoridad de hermano mayor para advertirle apuntando con el dedo hacia ella:

—Si comes más de la cuenta, Cricri, vas a acabar enferma.

El abuelo ayudó a servir los refrescos y salió en defensa de la nieta:

—Deja a la niña, Biel. Si enferma, ya se tomará algún remedio. Hoy en día hay medicinas para todo, incluso para el miedo.

La noticia hizo que Biel se atragantara. ¿Una medicina para el miedo? Tuvo que beberse la bebida de un trago para poder tragar el trozo de *pizza* que se le había atravesado en la garganta. Entonces se rio de lo que, con total certeza, no era más que una broma más del inagotable repertorio de Bolavo.

—Hablo en serio —insistió el abuelo—. Tengo en el maletín unos comprimidos que acaban con cualquier tipo de miedo.

Cuando abrazó a su nieto en la puerta del colegio, lo encontró algo pálido. Entonces pensó que sería cansancio, aunque en el fondo le surgió la duda de si la palidez sería a causa del miedo. Biel quiso preguntarle si en su maletín, entre tantos comprimidos, píldoras, cápsulas, grageas, pomadas, ampollas, cremas y gotas, no habría algún remedio para curar el miedo a una tunda después de clase. Pero no tuvo valor de abrir la boca.

Indeciso entre la curiosidad y la vergüenza, se distrajo y no vio cómo Bolavo transformaba, chasqueando los dedos de la mano izquierda, la mostaza en kétchup y la Coca-Cola en guaraná.

Tampoco pudo acusar a su hermana de comerse la *pizza* de Julieta. Cuando se acordó de mirar a la mesa, el plato de la muñeca ya estaba vacío.

Miedo para todos los gustos

BOLAVO tenía que viajar al día siguiente. Su intención era despertarse de madrugada y salir de casa al amanecer, aunque cambió de idea cuando su hija lo invitó a almorzar. Tenía tanto hambre que no hizo ningún número de magia, excepto hacer desaparecer la lasaña del plato para aparecer dentro de la panza. Pero en los postres hizo algunas imitaciones curiosas: como la del burro-cerdo, el cerdo-serpiente, la serpiente-cucaracha, la cucaracha-lechuza, la lechuza-pantera y la pantera-burra.

Biel era el único que no le encontraba la gracia a la alocada fauna del abuelo. Cuando la madre trajo la gelatina de frambuesa, se acordó de los mofletes del Bola y se levantó de la mesa sintiendo asco. Había pasado la noche en blanco, soñando despierto con el comprimido que tenía el poder de curar el miedo a las peleas. Solo había una forma de saber si era solo un cuento: pidiéndole a Bolavo una muestra gratis. ¿Pero delante de todos…?

Después de limpiar el plato y lamer la cucharilla del postre, Bolavo se despidió de la familia, dio un beso especial a la abuela Dulce y dijo que ya era hora de ponerse en carretera. Aunque todavía tenía que llenar el depósito del *jeep*. Biel comentó que había una gasolinera cerca de la escuela y consiguió así que lo llevara.

¡Era la oportunidad que tanto buscaba de hablar a solas con el abuelo! Pusieron la bicicleta en el maletero y condujeron por la ciudad oyendo música y disfrutando del viento alborotándoles el pelo, ¡no había montaña rusa en el mundo comparable a la sensación de ir en un descapotable! Pero Biel se divertía a medias, seguía queriendo conversar y no sabía por dónde comenzar. Bolavo se dio cuenta de la preocupación del nieto y decidió ayudarle:

—Te encuentro algo callado.

—No, no, abuelo. Solo pensaba en lo que dijiste ayer por la tarde. Sobre aquella medicina que acaba con el miedo.

—Exactamente —respondió Bolavo—. No hay miedo que se le resista.

—¿Cualquier miedo?

—Casi todos. En mi maletín, por ejemplo, tengo un comprimido para el miedo a la oscuridad, a las alturas, a las películas de terror, a las inyecciones, a los truenos, a los ascensores… ¡Hoy en día la medicina está muy avanzada! Ya existe cura para el miedo a que te asalten, a electrocutarse en la ducha, a pasar frente al cementerio y hasta a quedarse en blanco en un examen. La última novedad es un *spray* que quita el temor a hacerse pipí en la cama al quedarse a dormir en la casa de algún amigo.

Pero en esa lista tan extensa, Biel no encontró ningún miedo parecido al suyo. ¿Sería su miedo incurable? Bolavo bajó la radio y puso la mano en el hombro del chico:

—Y tú, Biel, ¿de qué tienes miedo?

—Es toda la clase, no soy el único. Todas las semanas el Bola elige a un infeliz para darle una paliza a la salida de clase.

—¿Y ese mequetrefe es más grande que tú?

—Su barriga sí que es más grande que yo.

—Entonces debe reunirse toda la panda…

—Aún no —Biel interrumpió la sugerencia—. El Bola no teme a nada.

Bolavo soltó una gran risotada que superaba a la bocina del *jeep*. Pero dijo en serio:

—Si no teme a nada, debe ser un superhombre. O, quizás, un supermentiroso.

Para demostrar que no exageraba, Biel le contó que una vez vieron cómo el Bola cogió una cuca-

racha de la alcantarilla y la desmembraba, primero las patitas, después las antenas y finalmente las alas: parecía que tenía en las manos una flor, solo le faltaba decir «me quiere, no me quiere». Pero el abuelo no quedó impresionado:

—Para mí ese Bola es un miedoso, está claro. Solo tienes que descubrir a qué teme.

¿El Bola un miedoso? Biel creyó de nuevo que aquello era un chiste.

Cuando el *jeep* aparcó frente al colegio, se agarró a la mochila y no quería bajar. Bolavo sabía qué esperaba su nieto y sacó del maletín una cajita de pastillas.

—Solo una al día —recetó— y tu miedo desaparecerá.

Biel se puso la pastilla en la boca y puso cara de sorpresa: nunca había probado ninguna medicina con sabor a menta. Le dio las gracias al abuelo con un abrazo, bajó la bicicleta y atravesó la puerta del colegio pedaleando con la cabeza erguida.

Consejos, corazonadas y recetas

GRACIAS a que su abuelo lo había llevado, Biel fue el primero en entrar en clase. Poco después apareció Cisco, quien siempre llegaba pronto para sentarse en primera fila, y no tenerse que pasar la clase entera con el cuello estirado para poder divisar la pizarra sobre las cabezas de sus compañeros. El apodo de Cisco, no solo venía de su nombre, Francisco, sino sobre todo por su altura, ya que en portugués esta palabra hace mención a alguien pequeñito. Mejor dicho, por su falta de altura. Para ganar algunos centímetros, utilizaba zapatos de suela y tupé con gomina. Incluso así tenía que mirar hacia arriba cuando quería hablar con sus compañeros. Y, por más que protestara, no conseguía evitar la humillación de que lo llamaran Cisquiño.

Será difícil de creer, pero Cisco fue el único de la clase que consiguió darle un puñetazo a la barriga del Bola. La confusión comenzó al aterrizar un avión de papel en la primera fila, exactamente en su tupé. La reacción del Bola fue decir que le había fallado la puntería y tiraría otro, porque no le gustaba pelear con chicas ni bebés. Cisco se levantó sin pedir permiso al profesor y se dirigió al fondo de la clase para declarar, de puntillas, que la altura no lo es todo. Para demostrar que estaba listo para pelear, dio un puñetazo en la barriga del Bola aunque solo consiguió hacerle cosquillas. Tras un intercambio de empujones, ambos fueron a parar a la directora y casi acaban expulsados temporalmente.

Cisco quería pelear de verdad, con puñetazos, puntapiés y los ojos amoratados. Pero el Bola solo sabía decirle «crece y después hablamos» o simplemente lo ignoraba. Entonces el pequeñín decidió participar en las otras contiendas, prestando ayuda a los compañeros que eran lanzados igual que el avión de papel. Y esto era lo que le proponía a Biel:

—Podíamos luchar juntos. Yo agarro al Bola por la espalda y tú le das un puñetazo... No, es mejor un cabezazo, eso, un cabezazo en esa bola de grasa. Cuando Breno y Bruno se metan yo cojo un palo y...

—Si queréis —sugirió Helena—, yo puedo prestaros a mi hermano. Hace jiu-jitsu y tiene la espalda así de grande.

Para demostrar la anchura de la espalda del hermano, Helena soltó la mochila en el pupitre y abrió los brazos llenos de pulseras. Hacía *ballet* después del colegio, y le gustaba utilizar las zapatillas incluso cuando no bailaba. Y fue así, con pasos de bailarina, cómo entró en el aula sin que nadie se diera cuenta. Soñaba con el día de la graduación, mejor dicho, con la noche, solo para poder desfilar por el escenario en el momento de recibir el diploma. Anhelaba convertirse en modelo y salir en las portadas de las revistas de moda y en dar una entrevista de tres páginas con el título: *HELENA, CON H DE HERMOSA*. Era lo que solía decir, entre suspiros, cuando alguien cometía el error de escribir Elena sin «h». Tampoco le hacía mucha gracia cuando los niños la llamaban Eli.

—Tai-chi, me gusta —dijo Cisco—. Por un lado Biel, el hermano de Helena y yo. Por otro, el Bola y sus dos pit bulls. Tres contra tres, no puede ser más justo.

Cisco se frotaba las manos cuando entró en clase Analuz. Al igual que algunos adultos sentían vergüenza al decir la edad, ella se negaba a confesar los grados de miopía que tenía. Helena le sugería constantemente que utilizara lentillas, a poder ser de color o fosforescentes, aunque Analuz prefería no renunciar a sus gafas de carey.

Al darse cuenta de qué hablaban sus compañeros, se puso bien las gafas con el dedo meñique, que era una manía que tenía, y propuso una solución alternativa:

—¿Por qué no sustituís la pelea callejera por una lucha virtual?

Analuz estaba loca por la informática y, como buena entusiasta de Internet, conocía muchas páginas web con rompecabezas, adivinanzas, crucigramas, batallas navales, juegos de errores…, en fin, que había mejor diversión que matarse a puñetazos en la puerta del colegio. Pero Cisco no parecía muy convencido:

—No sé, Analuz. Creo que el Bola acabaría destrozando el ratón.

Quique había llegado un poco antes y, aprovechando la idea de Analuz, comentó que una batalla de videojuegos sería más emocionante.

—Si quieres, Biel, puedes entrenar en casa. Tendrías que ver el videojuego que le gané a mi primo.

Aunque la sugerencia más exquisita provino de Junior, que fue el siguiente en entrar en la clase. Se miraron uno al otro cuando Junior levantó el dedo y anunció una de sus brillantes ideas:

—Ya saben lo goloso que es el barrigudo ese. Está claro. Yo, si fuera Biel, le pediría a mi madre

KO
BOLA
BIEL
!
x 10

que hiciera una tarta de chocolate bien grande y se la regalaba al Bola.

Sus compañeros ya estaban acostumbrados a los comentarios sin pie ni cabeza de Junior, pero esa vez se había pasado.

—Entonces, tú crees —dijo Biel indignado— que tengo que hacerle la pelota al Bola.

Todos estuvieron de acuerdo que era absurdo, pero Junior subió el brazo de nuevo para pedir la palabra:

—La tarta que yo digo solo sería de chocolate por fuera, en el interior podemos poner lo que queramos. ¿Te imaginas si al Bola le entrara un dolor de estómago insoportable? ¡No podría hacer ningún avión ni con papel higiénico!

Reunidos todos junto a la mochila de Biel, sus compañeros tuvieron que reconocer que la idea era muy ingeniosa. Sería difícil convencer a ninguna madre para que saboteara su propia tarta, pero los chicos se divirtieron de lo grande ideando recetas que sustituían el azúcar por polvos de talco, la mantequilla por champú, y la clara de huevo y la mermelada por pasta de diente mezclada con caca de gallina.

En ese mismo instante llegó Isabela y, en medio del alboroto general, dejó escapar una de esas sonrisas que hacían relucir las pecas de su cara.

Biel se sintió tan avergonzado que casi se traga la pastilla. Enseguida se levantó y dio las gracias por los consejos, corazonadas y recetas.

—Pero yo no tengo miedo —dijo Biel—. Si el Bola quiere pelea, la va a tener.

Escoltado por los dos pit bulls, el Bola empujó la puerta y entró en la clase justo en el momento en que Biel mencionaba su nombre. Se abrió camino entre sus compañeros de clase y se inclinó sobre la mochila de Biel.

—Mirad —comentó el Bola a los gemelos—. Ayer corría a los brazos del abuelo y hoy se hace el valiente.

Biel masticó la pastilla para ver si hacía efecto más rápidamente. Aunque, pensándolo bien, no sería necesario, ya que de repente se dio cuenta que no sentía ningún miedo.

¿Ninguno?

Quizás le quedara algún resto, pero no se dejó intimidar.

Fingió que no oía las nuevas amenazas del Bola, que juraba hacerlo pedacitos en cuanto terminara la clase.

La hora del recreo y de la verdad

BOLAVO le recetó una pastilla al día, pero Biel, por si acaso, repitió la dosis en la hora del recreo. Al verlo sacar la cajita del bolsillo, Quique se fijó en el envase y dijo que su padre también tomaba ese medicamento. Biel se quedó intrigado: ¿Sería que el padre de Quique tiene miedo a que le peguen al salir del trabajo? ¿Serviría la pastilla para combatir otros tipos de miedo? Se quedó un rato pensativo, intentando llegar a alguna conclusión, pero el sabor a menta no ayudó a refrescar las ideas. Incapaz de matar la curiosidad, Biel se giró hacia Quique y le preguntó:

—¿Y por qué toma esa medicina?

—Para el dolor de garganta —respondió Quique, sin entender la pregunta—. ¿Para qué si no podía ser?

Acababan de almorzar y estaban alrededor de la cantina rastreando el campo en busca de cromos que se hubieran podido caer de los envoltorios de los chicles. Biel movió la cabeza:

—Debes estar equivocado.

¡Qué va! Todos en casa chupan esa pastillita cuando están acatarrados. Es una pastilla medio aplastada de sabor a menta, ¿verdad?

Biel sintió cómo le palpitaba el corazón y se apoyó sobre el mostrador de la cantina. ¿Cómo podría descubrir la verdad? ¡Entonces recordó consultar el prospecto! Sacó un papel de dentro de la caja con letras minúsculas y averiguó que era un medicamento antiinflamatorio y analgésico utilizado para la infección bucal y de garganta. Su última esperanza era el reverso del prospecto. ¿Igual el anti-miedo era uno de los efectos secundarios? Todo lo que encontró en el apartado «REACCIONES ADVERSAS» fue información sobre que el producto podía provocar náuseas, somnolencia, irritabilidad, sensación de sequedad en la boca, visión turbia y vértigo.

A medida que iba leyendo el prospecto, Biel iba sintiendo todos esos síntomas. Pero aún peor que el malestar era la sensación de haberse dejado engañar. ¡Y encima por quién! ¿Cómo pudo Bolavo mentirle de esa forma?... ¿Prometerle un remedio contra el miedo y endosarle una pastilla para la garganta?

Quique se asustó de lo preocupado que estaba su amigo, pero Biel le aseguró que ya estaba mejor, solo había sido una tontería, no había que preocuparse. Escupió la pastilla todo lo lejos que pudo y tiró la caja a la basura. El timbre anunciando el fin del recreo sonó justo cuando se inclinaba en la fuente para beber agua.

El sexo de los esqueletos

La última clase del viernes era en el laboratorio de Ciencias. Mientras esperaba a los alumnos, el profesor tamborileaba en la pizarra con un bolígrafo especial, con solo apretar un botoncito giraba una antena.

—Con esta antena —solía decir— capto las buenas ideas que andan sueltas por ahí, paseando por el universo.

No solía peinarse y pasaba todo el año con el mismo uniforme: vaqueros sin dobladillo y una bata que parecía una túnica completaban la pinta de científico loco. Todo sea dicho, más de loco que de científico. Nadie lo llamaba por el nombre que llevaba bordado en la bata. Siempre que se presentaba insistía en que su nombre era Alberto, tocayo de Albert Einstein, y de tanto repetir la gracia se le conoce con el nombre del profesor Tocayo, o simplemente Tocayo.

Cuando había clase en el laboratorio la diversión estaba asegurada. Tocayo era uno de esos profesores que no veían diferencia alguna entre la ciencia y el arte, por lo que transformaba cualquier explicación en un espectáculo. Siempre traía alguna novedad para sorprender a la clase, aunque nadie se podía imaginar lo que había reservado para esa tarde.

Haciendo ruidos con el rotulador en la pizarra, recibió a los alumnos con una samba improvisada. Pero la sorpresa se encontraba en la otra mano, ¡que apoyaba en el hombro —es decir, en la clavícula— de un esqueleto de verdad!

Los chicos montaron un gran alboroto por aquel muñeco risueño, sujeto por la columna a un palo de escoba y con los pies apoyados en un pedestal. Cuando ya pudo hablar, Tocayo pidió una ronda de aplausos para el esqueleto, ya que gracias a él podemos jugar al fútbol, cepillarnos los dientes, utilizar el mando a distancia de la tele y abrir el congelador por la noche para comernos el último trozo de flan de leche condensada.

—Sin los huesos —explicó Tocayo— nos veríamos obligados a andar arrastrándonos como esponjas descoyuntadas.

—¿Cuántos huesos? —preguntó Helena preocupada.

—Uyyy... ¡Más de doscientos!

—¿Y vamos a tener que ponerles nombre uno por uno?

Tocayo intentó tranquilizarla, asegurándole que solo estudiarían los huesos más importantes. Y aprovechó para hacerles una propuesta:

—Y hablando de nombres, tenemos que bautizar a nuestro amigo.

—Alto ahí, profesor —protestó Junior—. Antes tenemos que saber si *ese* esqueleto no es una esqueleta.

Un coro de carcajadas hizo temblar las ventanas del aula. Tocayo también se rio, pero acabó asintiendo con lo que dijo Junior y lanzó una pregunta desafío:

—¿Habrá alguna diferencia entre el esqueleto del hombre y el de la mujer?

Junior se giró hacia el lado y cuchicheó:

—Ese tiene que ser de mujer. No veo ningún huesecillo colgando.

—¡Calla! —ordenó Quique—. Hoy ya has dicho bastantes tonterías.

Analuz levantó el brazo y chasqueó los dedos:

—La diferencia es el tamaño de la cadera. Por lo menos es lo que he leído en Internet.

Tocayo felicitó a Analuz y apretó el botoncito del rotulador. Con la punta de la antena tocó la cadera del esqueleto y explicó que esa parte del cuerpo, también llamada cintura pélvica, conecta los miembros inferiores con el tronco y puede di-

ferenciar a los sexos: la cadera de la mujer es más ancha, ya que el bebé necesita espacio durante el parto.

—Nuestro amigo tiene la cadera estrechita, por lo que es muy probable que sea hombre. Pero lo que necesita ahora es un nombre. ¿Hacemos una votación?

Breno y Bruno se levantaron a la vez y comenzaron a discutir, uno sugiriendo el nombre del otro. Antes de que los gemelos comenzaran a ladrar, Cisco se subió al pupitre para que todos pudieran ver su brazo alzado. Apuntó a la última fila y preguntó:

—¿Qué tal «Andrés»?

Así se llamaba el flacucho de la clase. Había llegado al colegio a principios del mes, venía de otra ciudad, y todavía no había perdido la timidez ni su acento. En general solo abría la boca para responder, pero esa vez sintió ganas de insultar a Cisco y darle un golpe en la cabeza para encogerlo aún más.

Temiendo que se produjera un gran alboroto, Tocayo intervino y estableció las reglas de la votación:

—Acordemos lo siguiente: no vale el nombre de ningún compañero, ni del padre ni de familiares. Ni, por supuesto, el de ningún profesor. ¿Por qué no os inspiráis en algún personaje histórico?

Tocayo mencionó a científicos, filósofos y artistas, pero los nombres eran demasiado largos, extraños o complicados y no tenían clase. De repente, Helena movió la cabeza y gritó:

—¡GODOFREDO!

Frente al espanto de sus compañeros, Helena dijo que el portero de su edificio se llamaba Godofredo y había trabajado de camarero el día de su cumpleaños. Toda la clase fue a su fiesta y estaban de acuerdo en que ese tipo era el vivo retrato del esqueleto. Además de la cabeza, tenía los ojos hundidos y una sonrisa interminable que ni siquiera se interrumpió cuando Cisco golpeó la bandeja con el tupé y tiró todos los aperitivos salados.

Resultado: se escogió Godofredo en la primera ronda.

El gordo y el flaco

COMPUTADOS los votos, Tocayo decidió comprobar los conocimientos de la clase. Tocó con la punta de la antena el pupitre de Isabela y le pidió que se levantara y acercara a Godofredo. Luego hizo la pregunta:

—¿La señorita podría decirnos cuál es el hueso más grande de nuestro amigo?

Biel se pasó toda la clase preocupado, ya que no tenía ningún remedio ni idea de cómo librarse de la inminente paliza, aunque no pudo resistir la alegría de ver a Isabela delante de la clase. Para intentar ayudarla, levantó la pierna y puso la mano sobre el muslo. Sin embargo, no consiguió llamar la atención de la chica. Isabela examinó a Godofredo de arriba abajo y respondió señalando a la columna vertebral.

—La respuesta sería correcta —dijo Tocayo— si la columna fuera solo un hueso. Pero en realidad se compone de un conjunto de treinta y tres pequeños huesos llamados vértebras, que van desde el cuello hasta la cintura y encajan unos en otros como las cuentas del collar de Isabela.

—Entonces solo puede ser este —dijo Isabela refiriéndose al fémur de Godofredo.

—¡Muy bien, chica! El hueso más grande del cuerpo es el fémur. Casi medio metro, mira.

—¿Y el más pequeño? —preguntó Cisco, quizás porque era él el más bajo de la clase.

Tocayo indicó que era el estribo, que está dentro del oído y mide casi tres milímetros. Para terminar, agradeció la participación de Isabela y le dijo que se podía sentar.

—Pero antes —añadió— haga el favor de saludar a Godofredo.

Sonriendo medio temerosa, alargó el brazo y apretó las falanges, falanginas y falangetas de aquellos dedos flacuchos.

Tocayo dio otra vuelta por la clase y puso la antena en el pupitre del Bola.

—¿Quién? ¿Yo? —dijo tartamudeando—. Pero todavía no me he estudiado esta materia.

—No te preocupes, que no pondré nota.

El Bola acostumbraba a andar con los hombros erguidos, la nariz elevada y las cejas levantadas, como si desafiara a la ley de la gravedad. Por eso les extrañó a todos cuando se encogió para salir del pupitre y atravesó el aula cabizbajo. Junto al esqueleto parecía aún más gordo. Godofredo, en comparación, daba la impresión de que estaba a dieta. Solo tenían el mismo color, era difícil distinguir cuál estaba más blanco.

Tocayo notó la vergüenza del alumno y le hizo una pregunta muy fácil:

—¿Cuántos pares de costillas tiene Godofredo?

Bastaba contarlas para acertar la respuesta, pero el Bola las contó mal y en vez de doce dijo diez. Los dos pares que faltaban eran las costillas flotantes que Tocayo señaló con la antena y explicó que están unidas a la columna al igual que las demás, pero que no se unen al esternón, el hueso que está en el centro del pecho.

—Ahora saluda a Godofredo y vuelve a tu lugar.

El Bola se mantuvo tan inmóvil como el esqueleto.

—Venga. ¿A qué esperas?

La manga de la camisa no le llegaba para limpiarse el sudor de la frente. Después de titubear mucho, el Bola sacó tímidamente la mano del bolsillo e intentó acercarla a la mano de Godofredo. Pero el gesto se quedó a medio camino. De repente, puso cara de dolor, se curvó sobre su propia barriga y salió corriendo de clase.

Tocayo le pidió a la clase que guardara silencio y fue a investigar qué pasaba. Inmediatamente Biel re-

cordó las palabras de Bolavo: «solo tienes que descubrir a qué teme».

—¿Por qué será... —le susurró a Quique— que el Bola no quiso darle la mano a Godofredo?

—¿Quién sabe? —quizás sintiera náuseas —dijo Quique.

—Perdonadme —interrumpió Cisco—. Pero nadie se pone pálido de náuseas.

—Puede haber sido envidia —era la opinión de Helena.

—Esa es buena. ¿Envidia de quién? —preguntó Junior.

—De Godofredo, claro. El sueño del Bola era perder barriga y quedarse como el maniquí del esqueleto.

—Ni náuseas ni envidia —resumió Biel—. Lo que tenía era miedo.

De vuelta a la clase, Tocayo informó que el Bola se encontraba mal y creyó que lo mejor era irse a casa antes, dejando la mochila en manos de los gemelos. Biel ya podía respirar, ¡por lo menos se había librado de la pelea! Pero desconfiaba de aquella huida repentina, para la cual solo encontraba una explicación: el Bola se largó de la clase con dolor de barriga y, sin haber podido llegar a tiempo al baño, tuvo que escabullirse con los pantalones sucios.

ESTUDIANTE DISFRAZADO

JUSTO cuando sonó el timbre, Tocayo dijo que tenía una reunión y se despidió con prisas. Breno y Bruno salieron enseguida, discutiendo por el dudoso privilegio de llevar la mochila del Bola. Biel se enfrentó a los compañeros más próximos:

—Tenemos que hacer algo.

—¿Hacer qué? —preguntó Cisco jugando con la cremallera de la mochila.

—Pensaba en utilizar a Godofredo para meterle miedo al Bola. Pero no sé cómo.

—¿Qué tal conseguir otro esqueleto —propuso Junior— y se lo enviamos por correo? Se quedó pensando en la cara del Bola al abrir el paquete y…

—¿En qué tienda se puede comprar un esqueleto? —Quique perdió la paciencia.

—¿O asaltar el cementerio? —dijo Biel.

La única idea razonable surgió de Analuz, que sugirió encerrar al Bola en el laboratorio para que pasara la noche en compañía de Godofredo. Aunque el plan era demasiado complicado y no entusiasmó a nadie. Cuando terminó de meter los cuadernos en la mochila, Junior dijo que la conversación era interesante pero tenía que irse.

—Voy a ir con mi madre al teatro. Es una obra de marionetas; ¿habéis oído hablar de ella?

Biel dio un salto sobre el pupitre:

—¡Eso! ¡Eso!

—¿Eso qué? —preguntó Junior.

—Un guiñol... Eres un genio, colega.

Junior... ¿un genio? Todos pensaron que a Biel se le había ido la cabeza. Chasqueaba los dedos y escupía las palabras:

—Me refiero a montar una obra. ¡Y nuestra marioneta será Godofredo!

La cara de espanto de sus compañeros obligó a Biel a facilitar más detalles.

—Tiene que ser por la noche. Mañana, por ejemplo, así nos dará tiempo a ensayar. Vamos a la casa del Bola y hacemos una representación exclusiva para él, justo detrás de la ventana de su habitación. ¡Una obra de terror! Mientras alguien sujeta a Godofredo, otro mueve los huesos de la mano y yo le pongo la voz al esqueleto. ¿Os imagináis el susto?

Aunque libres de la amenaza del Bola, las chicas fueron las primeras en secundar la idea. A Cisco también le impresionó la idea, pero quería ser él el que le pusiera la voz a Godofredo. Junior fue el que más se opuso al plan, ya que no veía bien asaltar el laboratorio. Finalmente cedió, aunque no hasta que Biel les recordó que era viernes y prometió devolver el esqueleto el lunes. Se trataba solo de un préstamo, nadie lo echaría en falta.

En ese momento la madre de Junior lo llamó para ir al teatro, pero antes de irse aseguró que ayudaría en lo que fuera necesario. Quique se rascó la cabeza e hizo una pregunta de índole práctica:

—¿Cómo vamos a sacar a Godofredo del colegio?

El laboratorio estaba vacío a esa hora, por lo que los chicos pudieron rebuscar libremente en los armarios. Esperaban encontrar una bolsa de basura o algún envoltorio de papel, aunque solo consiguieron una caja de cerillas. Cansado de buscar, Biel se quitó la chaqueta y se la puso al esqueleto sobre los hombros. Acababa de encontrar la solución:

—Godofredo saldrá del colegio disfrazado de estudiante.

No hizo falta explicar nada, todos sabían exactamente qué hacer. La primera medida era soltar a Godofredo del palo de escoba que le daba soporte. Hasta ahí no había ningún problema, los ganchos estaban oxidados y los dedos de los chicos servirían de alicates. Aunque vestir al esqueleto no fue tarea fácil. Como no se podía mantener en pie, tuvieron que dejarlo sobre la mesa antes de cubrir sus huesos con las pocas prendas disponibles: Quique sacó de la mochila los pantalones que utilizaba para capoeira, Cisco prestó los guantes de portero, Biel ofreció la chaqueta y las medias de fútbol.

El pobre Godofredo era tan delgado que cuando intentaron levantarlo empezó a caérsele toda la ropa. Pero las chicas no tardaron en encontrar una solución haciendo lazos y nudos con las cintas y elásticos que se quitaban del pelo. Finalmente ocultaron el cráneo bajo la capucha de la chaqueta y atravesaron los pasillos abrazados al nuevo compañero de clase.

Al ir hacia el aparcamiento se toparon con una limpiadora que barría el suelo silbando y ni siquiera levantó la cara. En el momento en que Godofredo cruzó la puerta amarrado con unos cordones de deportivas a la bicicleta de Biel, había poco movimiento en el colegio.

Orquesta de gallos y despertadores

ENTRAR en casa fue mucho más fácil que salir del colegio: Lourditas ya se había marchado, Gerardo todavía no había llegado del trabajo y Neusa estaba en el baño, asegurándose de que Cris se lavaba las orejas. Biel bajó a Godofredo de la bicicleta, lo arrastró hasta el cuarto de la sirvienta, abrió el viejo armario y colgó el esqueleto en una percha. Lourditas tenía su propia casa y no vivía en esa habitación, que acabó transformándose en almacén de los trastos. Por lo tanto, no había lugar más seguro para esconder un secreto.

Después de dejar la mochila en su habitación, golpeó la puerta del baño y dio un saludo rápido. Neusa le dijo que el arroz con leche estaba en la nevera, pero Biel decidió volver al garaje para ajustar la cadena de la bicicleta. Realmente no era más que un pretexto para hablar con Isabela. Iba torciendo tornillos, haciendo muecas y explicando su plan de asustar al Bola con la ayuda de Godofredo. Finalmente guardó las herramientas, se agarró al manillar y preguntó:

—¿Funcionará el plan?

La bicicleta adoraba el teatro, especialmente el de marionetas, y apostaba por el éxito de la obra: Godofredo podía ser delgado, pero tenía sonrisa de galán. Biel dijo que antes del estreno, previsto para el sábado por la noche, harían un ensayo general. Sin embargo, su mirada perdida demostraba que su pensamiento estaba en otro lugar. Isabela se preocupó:

—Pareces algo triste.

—Solo pensaba en mi abuelo.

—¿Y qué te pasa?

—Quiero mucho a mi abuelo, pero hoy me ha mentido.

—¿Qué tipo de mentira?

—Me dio un remedio para curar el miedo a las peleas. Y era una pastilla para la garganta.

—¿Quieres decir que no tuvo efecto?

—Solo hasta que descubrí la verdad.

Isabela hizo una pausa antes de dar su opinión:

—Yo creo que tu abuelo no se inventó ninguna mentira. ¿No acabas de decir que el remedio funcionó? El miedo solo volvió, paradójicamente, porque tuviste miedo.

Al contrario que la pastilla de menta, las palabras de la bicicleta no tuvieron efecto inmediato. Pensándolo bien, ¿por qué dudó del remedio? Quizás Isabela tuviera razón, el abuelo no tenía culpa de nada. Recordó los trucos de magia de Bolavo y le apetecía pasear en el *jeep* descapotable, llenarse los pulmones de aire y admirar las formas juguetonas de las nubes. De repente, se sintió tan ligero que podía hasta volar.

Y, de hecho, acabó volando hacia los brazos de su padre.

Gerardo aparcó el coche en el garaje y nada más bajarse fue recibido con un abrazo que se convirtió en pequeña explosión: la bolsa de panecillos recién hechos que había traído de la panadería se redujo a migas tras el choque entre las dos barrigas. Rápidamente consoló a su hijo:

—Hemos tenido suerte. ¿Te imaginas si hubiera sido una docena de huevos?

Entraron en casa riendo y luego vieron juntos un partido amistoso en la televisión comiendo una mezcla de arroz con leche con las migas de los panecillos. La selección nacional ganó gracias a un gol en fuera de juego en el minuto 47 del segundo tiempo, tras los abucheos y bostezos de los aficionados. Cuando el árbitro pitó el final del partido, los jugadores corrieron a los vestuarios y Biel se fue a la cama, tenía que hacer muchas cosas el sábado y necesitaba un buen descanso.

Su intención era dormir hasta tarde, aunque se despertó con unos gritos que parecían una orquesta. ¡Era como si todos los gallos y despertadores de la ciudad hubieran decidido berrear a la vez! Biel saltó de la cama y atravesó el pasillo patinando en calcetines sobre el parqué. Al llegar a la cocina se topó con Lourditas que estaba pálida y sin voz. Sujetaba un periódico y señalaba en la dirección del cuarto de trastos:

—¡El esqueleto de un fantasma! —decía abanicándose—. ¡Yo lo he visto! ¡Juro que lo he visto!

En ese mismo momento apareció Neusa y preguntó a qué se debía ese escándalo tan temprano. Lourditas le contó que cuando estaba en el cuarto echando un vistazo al periódico, abrió la página de los horóscopos y leyó que quizás le estropeara el día una visita inesperada. Preocupada por tal augurio, fue a coger una blusa y al abrir el armario se encontró con un esqueleto colgado de una percha.

—Es verdad, doña Neusa, se lo juro por lo más sagrado. Le robó la chaqueta a Biel y se ha escondido en el armario.

A Lourditas le encantaban las películas de terror, a veces se quedaba toda la noche frente a la televisión y al día siguiente se le pasaba la hora y llegaba tarde al trabajo, o se pasaba el día somnolienta intentando evitar que se le cerraran los párpados. Neusa creyó que le había impresionado la historia de algún alma en pena y le ofreció un vaso de agua con azúcar. Quería llevarla hasta el cuarto para demostrarle que todo era imaginación suya, pero Lourditas dijo «Dios me libre»; nunca más se acercaría a aquel armario embrujado.

Mientras ambas charlaban en la cocina, Biel se escabulló hasta el final de la casa, descolgó a Godofredo de la percha y lo llevó hacia el pasillo. Quería esconderlo en su dormitorio, dentro del baúl de los juguetes, aunque de repente escuchó el arrastrar de las zapatillas y se dio cuenta de que su padre estaba de camino. Y ahora, ¿por dónde escapar? Intentó desaparecer por la primera puerta y entró en la habitación de Cris.

La niña, a pesar de la confusión, seguía dormida. Biel abrió el armario con cuidado, pero no había ninguna percha libre. Dio un par de vueltas por la habitación, en busca de un buen escondite, hasta que tropezó con el carrito de la muñeca. Cris encendió la luz y comenzó a reírse del esqueleto:

—¡Qué muñeco tan gracioso! ¿Quién te lo ha dado?

Pensándolo bien, su hermana tenía razón: por lo menos esa noche Godofredo sería una marione-

ta de guiñol. Biel le contó lo de la obra y le pidió que no se lo contara a nadie. Ella prometió guardarle el secreto, aunque puso una condición:

—Yo también quiero ver la obra.

Biel respondió que ni pensarlo. Todavía era pequeña para salir por la noche y además no había espacio en la bicicleta que estaba reservada para Godofredo. Para convencerlo, Cris lo amenazó con lanzar su grito de guerra: «¡AAAAAARG!». Él le puso el dedo en los labios implorando silencio por el amor de Dios, y se rindió ante la exigencia de llevarla —al igual que a Julieta, la muñeca—. Fue así como obtuvo permiso para esconder al esqueleto debajo de la cama.

PUERTA CERRADA, BOCA ABIERTA

LA REUNIÓN duró toda la tarde. Amontonados en la habitación de Cris, los chicos no se ponían de acuerdo sobre el papel de cada uno en la obra. Hizo falta discutir mucho, y hasta algunos pellizcos, para que la mayoría se conformara con el reparto de papeles. Junior era el más fuerte del grupo por lo que obtuvo el derecho de sujetar al esqueleto. A Quique correspondería la función de mover los huesos del brazo, al compás con los gestos necesarios mientras Godofredo hablaba. Y Biel estuvo ensayando toda la mañana la voz ronca y tenebrosa.

A pesar de protestar, las chicas aceptaron mantenerse en la retaguardia, vigilando en la casa del Bola y en las esquinas de la calle, listas para avisar a los chicos en caso de que surgiera algún imprevisto.

—¿Y yo?, ¿yo qué? —preguntó Cisco, después de sonarse fuertemente la nariz—. ¿No hay ningún papel para mí? —dijo con voz gangosa.

También sabía imitar la voz de un alma en pena, pero tenía gripe y estaba tan acatarrado que ni lo llegó a intentar. La función de Cisco —ya que no sobró ninguna otra— era estar en la calle cuidando las bicicletas. Pero él no tenía vocación de guarda. Quería participar directamente en la obra y de tanto insistir consiguió el papel para manipular uno de los brazos del esqueleto.

Biel espero a que se acabara la discusión para sacar a Godofredo de debajo de la cama. Finalmente era hora de comenzar el ensayo. Sentadas al borde del colchón, Analuz, Helena, Isabela, Cris y Julieta presenciaron el número en silencio, prestando suma atención y sin emitir ni una mísera sonrisa. Pero lo peor es que continuaban calladas cuando terminó la obra. Ni enhorabuena, ni silbidos, ni aplausos... ¡nada de nada!

El único comentario provino de Helena. Resumiendo la opinión femenina, dijo que le había gustado mucho, pero..., no sabía el qué, le faltaba algo.

—¿Qué? —preguntaron todos al unísono.

Pero Helena no podía explicarlo. Se quedaron todos pensativos, hasta que Cris se levantó de la cama y descubrió el misterio:

—La boca, chicos. ¿Dónde se ha visto una marioneta que hable con la boca cerrada?

Tuvieron que admitir que la pequeña tenía toda la razón. Para hacer hablar a Godofredo, Quique propuso sujetarle el mentón con un cordel largo, que Biel tendría que estirar siempre que imitase la voz del esqueleto. Analuz puntualizó que el hueso del mentón se llamaba mandíbula. Isabela elogió la idea, aunque no estaba de acuerdo en que fuera un cordel: era mejor utilizar un hilo más fino para que el Bola no sospechara. Cisco sugirió hilo dental y Cris fue a buscarlo al baño.

Al pasar por la puerta de la cocina, la niña tuvo que lidiar con la curiosidad de su madre:

—En vez de estar apretados en tu habitación, deberíais jugar en el garaje. Y sin esos rollos de cerrar la puerta.

Cris respondió que era un secreto y salió corriendo para darles el hilo dental a los chicos. Sujetaron la mandíbula de Godofredo y repitieron el ensayo. Esa vez, además de aplausos, recibieron múltiples peticiones de volverlo a repetir. Aunque no fue posible contentar al público, ya que Neusa tocó a la puerta para decir que la merienda estaba lista en la mesa. Cuando reveló el menú —helado con sirope de caramelo— los chicos volvieron a aplaudir y se fueron en masa hacia el salón. Por poco se olvida Biel de empujar el esqueleto debajo de la cama.

ACHÍS Y CHAO

ACABABA de anochecer cuando se levantaron de la mesa. Aunque no salieron todos juntos. En el momento en que la dueña de la casa estaba distraída sirviendo a Junior su tercer trozo de helado, los demás se llevaron a Godofredo al garaje y utilizaron un cordel —ahora sí— para atarlo a la bicicleta de Biel. Los hijos de Neusa volvieron a la cocina y le dieron sendos besos, uno en cada mejilla, le dijeron que se iban a pasear por ahí y que volverían pronto.

Pedalearon varias manzanas hasta llegar a la calle del Bola. Biel subió el brazo en la esquina dando la señal para que los otros frenaran, y señaló a la cabina de teléfono del otro lado de la calle: ¿qué tal un telefonazo para saber si el Bola estaba en casa? Junior coleccionaba diferentes cosas, incluso tarjetas de teléfono, y sacó una nueva del bolsillo.

Averiguar el número del Bola no supuso ningún problema, ya que a Cisco le encantaba gastar bromas y sabía de memoria el teléfono de todos los compañeros de clase. Junior fue hacia la cabina y, rodeado de bicicletas, puso la tarjeta en el aparato y marcó. Al momento oyó una voz femenina:

—Por favor —dijo tapándose la nariz—, ¿es la casa del Bola?

—Sí.

—¿Está él en casa?

—Creo que está en el baño. ¿Quién llama?

En vez de colgar, se puso nervioso con la pregunta y se confundió:

—No importa. Me he equivocado.

Los estrenos siempre producen ansiedad, por eso el corte de Junior sirvió para relajarse. Sin embargo, las risotadas se acabaron al acercarse a la casa y mirar por encima del muro: al final del jardín, bajo una higuera, estaba la caseta del perro. ¿Estaría dormido?

Quique se bajó de la bicicleta y, con la agilidad de un maestro de capoeira, atravesó el jardín caminando sobre el muro. Luego saltó hacia el árbol y se colgó de la rama más baja desde donde miró hacia dentro de la casita y vio que no había nadie.

El gesto que Quique le hizo a sus compañeros, levantando el pulgar, era la señal que todos esperaban para bajar el esqueleto de la bicicleta. Las chicas se quedaron en la acera tal como habían acordado en el ensayo, y los chicos saltaron el muro con Godofredo en bandolera. Quique vino corriendo hacia sus compañeros y les informó que había tres ventanas en la parte trasera de la casa. Solo había que averiguar cuál era la ventana correcta.

Fue el mismo Bola quien se descubrió sin quererlo. Enrollado en una toalla, entró en el cuarto cantando rock y sacudiendo el pelo mojado. ¡En la habitación del medio!

Los chicos le quitaron la chaqueta al esqueleto y se escondieron debajo de la ventana, cada cual en una posición diferente: Quique y Cisco, uno a cada lado, sujetaban los codos de Godofredo, Junior se preparaba para levantarlo por la columna y Biel intentaba librarse de un carraspeo para no correr el riesgo de desafinar.

En cuanto el Bola terminó de canturrear, Godofredo apareció en el alféizar de la ventana y comenzó a aplaudir.

—Muy bien, Bola —dijo Biel, esmerándose en imitar la voz de alma en pena y tirando del hilo dental para mover la mandíbula del esqueleto—. No sabía que cantabas.

El Bola miró hacia la ventana y parecía una estatua en calzoncillos.

—¿Quién eres? —pudo preguntar finalmente, con una voz tan temblorosa como sus manos.

—¿No me reconoces? Nos conocimos ayer mismo, ¿recuerdas? En el laboratorio del colegio.

—¿Go… Go… Go… dofredo?

—Quería saber por qué huiste a la hora de saludarme. Parecía que incluso tenías miedo.

—¿Miedo? ¿Yo? —dijo forzando la sonrisa—. Será impresión tuya, yo solo tenía prisa.

—Si no tienes miedo…

—Claro que no.

—Entonces toca aquí.

Biel le dio un codazo a Quique, que a su vez empujó el brazo derecho de Godofredo. Al ver la mano del esqueleto extendida, el Bola intentó escabullirse.

—Ahora no. Acabo de bañarme.

—¿Acaso —dijo Biel con voz aún más grave— me estás llamando sucio?

No hubo respuesta. Sorprendido por el silencio, Biel espió por la ventana y vio al Bola sentado en la cama, llorando con la cara hundida en la toalla. Volvió a agacharse y decidió cambiar el tono:

—No hay por qué llorar. No he venido para eso.

—¿Entonces para qué? —dijo el Bola secándose los ojos.

—Lo que quiero es muy sencillo. Si lo aceptas, me marcho ahora mismo.

Con el mentón pegado al muro, las chicas aguantaban en la acera para seguir el diálogo. El Bola hablaba muy bajo, casi susurrando, por lo que solo podían oír la voz de Biel. Incluso así podían adivinar que la obra estaba siendo todo un éxito.

—Me he enterado —prosiguió Biel— que te gusta crear confusión. Haces un avión de papel, lo lanzas y esperas a ver sobre quién cae para saber a quién vas a pegar.

—Es solo un juego —se disculpó el Bola.

—¡De muy mal gusto! ¿O a ti te gusta sentir miedo?

—Está bien, no lo haré nunca más, lo prometo. Lo juro por mi madre, ¡te doy mi palabra!

Biel recordó que al principio de la semana, a cambio de ayuda en el examen, el Bola hizo la misma promesa y luego cambió de idea. Quizás valiera la pena pedir una garantía:

—¿Cómo se llama el compañero al que no paras de amenazar?

—¿Quién? ¿Biel? —preguntó el Bola.

—Ese mismo. Para demostrar que no mientes, mañana llamarás a su casa y le pedirás disculpas, ¿entendido?

—No te preocupes, mañana muy temprano lo llamo.

—Temprano no, que el domingo le gusta dormir hasta tarde. Quiero decir, que a todos nos gusta. Mejor llámalo después del almuerzo.

Solo quedaba despedirse, pero Godofredo en vez de decir chao soltó un achís: incapaz de controlarse, Cisco estornudó de forma escandalosa y casi lo echa todo a perder. Biel explicó rápidamente que esa gripe era tan fuerte que no respetaba ni siquiera a los esqueletos, y se fue corriendo con sus compañeros antes de que el Bola comenzara a hacer preguntas.

CRUCIGRAMAS

BIEL estaba en medio de la sobremesa cuando sonó el teléfono. Fue a cogerlo con la boca llena y casi se atraganta al reconocer la voz del Bola. Después de aclarar la garganta, toser y tartamudear, el exvaliente pidió disculpas y prometió que nunca más lanzaría aviones con mensajes amenazantes ni incitaría a sus compañeros a pelearse después de clase. Exactamente lo que Godofredo le había ordenado.

Esforzándose por no reír, Biel aceptó las disculpas y luego llamó inmediatamente a Quique, para difundir las novedades. Quique llamó a Cisco, quien telefoneó a Junior, que a su vez llamó a Helena, quien intentó hablar con Analuz que para variar estaba conectada a Internet y su teléfono comunicaba, por lo tanto marcó el número de Isabela y, como no respondían, porque había salido a comer con su familia, dejó un mensaje urgente en el contestador.

Al volver del restaurante, Isabela supo la noticia y llamó a Biel. Hablaron tanto tiempo que al colgar el teléfono tenían las orejas ardiendo. Cisco ya estaba pensando en desistir, aunque finalmente consiguió hablar con Biel y le dijo que había hablado con la panda y casi todos estaban dispuestos a volver a la casa del Bola.

—No hay nada más divertido que meterle miedo al gordo ese —dijo Cisco—. Hoy por la noche vamos a volver y hacer una última representación de teatro. Y mañana temprano devolvemos a Godofredo al laboratorio. ¿Qué te parece?

Biel creía que era arriesgado: ¿Y si el Bola sospechaba y echaba un vistazo al jardín?, ¿o si alguien de su familia aparecía en la ventana?, ¿o si pasaba algún imprevisto? Cisco se irritó con tantas posibilidades y dijo que el riesgo de que los descubrieran in fraganti era mínimo, justo el necesario para compensar el desafío.

Tras varias llamadas, decidieron probar suerte y quedaron en encontrarse al anochecer en la esquina de la calle del Bola.

Aquel tejemaneje de llamadas llamó la atención de Gerardo que hacía crucigramas en la terraza. Tras acabársele la paciencia le pidió ayuda a su mujer:

—Hueso más pequeño del cuerpo, con siete letras. ¿Lo sabes, Neusa?

—El más grande es el fémur —respondió desde la cocina—. Pero el más pequeño… La verdad es que no tengo ni idea.

Al recordar la última clase de Ciencias, Biel dijo sin titubear:

—Esa es fácil, papá. El más pequeño es el estribo y está dentro del oído. Tiene el tamaño de un grano de arroz.

Gerardo se quedó boquiabierto y dejó caer la revista.

—No sabía —le comentó orgulloso a su mujer— que teníamos un científico en casa.

El chico sonrió modestamente y fue a buscar a su hermana. Aunque no podía creer lo que vio al entrar en el cuarto. Godofredo no estaba debajo de la cama, tal como lo habían dejado la noche anterior, sino sentado en el colchón con Julieta al cuello. Biel cerró la puerta rápidamente y preguntó con voz de reprimenda:

—¿Pero qué haces?

—Jugar a las casitas —respondió Julieta con naturalidad, sin entender por qué tanto espanto—. Godofredo es el padre, yo la madre y Julieta nuestra hijita.

—Por el amor de Dios, Cricri. ¿Has pensado qué pasaría si papá o mamá entraran en la habitación?

—No te preocupes, siempre llaman antes de entrar. No son como ciertas personas que yo conozco…

Cuando supo que iban a hacer otra representación, Cris dio un grito de sorpresa. Parecía preocupada y se puso a contar con los dedos:

—Tú, Godofredo, Julieta, yo… ¿aguantará tu bici?

La tarde anterior, Cris había ido en la bicicleta de Helena que era la más rosa de todas y además tenía un espejo con cintas. Ahora tendría que compartir el espacio con Godofredo. Como el esqueleto ocupaba la parte de atrás de la bicicleta, ella solo podría sentarse en el cuadro, medio estrujada entre el sillín y el manillar. Aunque ni siquiera se quejó por eso: el amor al arte compensa cualquier sacrificio.

DE RODILLA PARA ABAJO

LAS chicas volvieron a quedarse de nuevo en la acera, cuidando de las bicicletas, mientras los chicos invadían el jardín y se agachaban delante de la ventana del Bola. Fanático del fútbol, estaba viendo un partido en la televisión, en una mano tenía el mando a distancia y en la otra, una caja de bombones. Comía uno tras otro, con más aflicción que apetito, probablemente iría perdiendo su equipo.

En el momento en que Quique y Cisco le quitaron la chaqueta a Godofredo, Junior lo levantó por la columna hasta el alféizar de la ventana. Entonces preguntó Biel con esa voz que parecía brotar del mismísimo fondo de una cueva:

—¿Cómo va el partido?

El Bola miró boquiabierto hacia la ventana, dejando una baba de chocolate escurrirse hasta el cuello.

—Ya hice lo que me pediste —intentó decir, utilizando la manga de la camisa como servilleta. Esta tarde, después de comer, llamé a Biel.

—Lo sé, lo sé. Bueno, me lo imagino.

—¿Entonces por qué has vuelto?

—Solo a hacerte una visita.

—¿Un bombón? —Ofreció el Bola, sin tener de qué hablar, extendiendo la caja casi vacía.

—Gracias. No debo saltarme la dieta.

En ese mismo instante apareció en la calle Andrés. El compañero de los chicos que era tan tímido que parecía casi mudo, por eso no esperaban más que un saludo desde lejos. Aunque parece que fuera de clase su timidez se evaporaba. Andrés insistió en atravesar la calle para hablar con sus compañeras.

—¿Vosotras por aquí? ¡Qué sorpresa!

Analuz empezó a morderse la uñas, Helena se puso a silbar mirando al cielo, Isabela se ruborizó y sonrió falsamente. Solo se le ocurrió una excusa a Cris:

—Paseábamos y paramos para descansar, solo eso.

—¿Y las otras bicicletas? —preguntó Andrés señalando hacia la calzada.

—Ni idea —dijo Cris firmemente—. Ya estaban ahí cuando llegamos nosotras.

Analuz decidió cambiar de tema:

—¿Tú también paseabas?

Andrés dijo que vivía al final de esa calle, recitó la dirección completa y al poco se despidió. Cuando entró en la portería de su edificio, las chicas suspiraron de alivio aunque preocupadas por toparse con algún otro compañero. Ya estaban hartas de vigilar las bicicletas, tarea que consideraban peligrosa y sobre todo aburrida, muy aburrida: ¿qué gracia tiene el teatro si no se puede estar entre el público?

Saltar el muro era fácil, solo había que cerrar los ojos y confiar en la fuerza de la gravedad. Con sus zapatillas de bailarina, Helena cruzó el jardín de puntillas y guio la fila de compañeras hasta la ventana del Bola. Se sentaron bastante alejadas del esqueleto y fingieron no darse cuenta del espanto de los chicos.

—¿Qué pasa? —preguntó Cisco intentando hablar bajo.

—Hemos venido a ver la obra —informó Isabela.

—¿Y las bicicletas? —susurró Junior—. ¿Quién las va a vigilar?

—Ve tú —sugirió Helena.

—Exactamente —dijo Analuz—. ¿Por qué se pueden divertir solo los chicos?

Biel impuso silencio enérgicamente, no era hora ni lugar para discutir. Afortunadamente el Bola no oyó nada, solo el crujir de los bombones que no paraba de comer. De repente, miró hacia la ventana e imploró con los dientes negros del chocolate:

—Pero... ¿qué quieres exactamente de mí?

Quique unió las palmas de las manos y le susurró al oído a Biel, quien levantó la mandíbula de Godofredo y repitió la sugerencia:

—Quiero que les pidas disculpas a todos tus compañeros de clase.

Cisco tuvo una idea aún mejor y también se inclinó hacia la oreja de Biel. Pero esta vez la voz de Godofredo salió mezclada con risa:

—Pensándolo bien, no tienes que decir nada. Solo tienes que darle un avioncito de papel a cada compañero a quien hayas provocado. Pero debe incluir un mensaje diferente. En vez de escribir «Nos vemos a la salida», vas a poner: «Perdóname, no me pelearé con nadie nunca más».

Para sorpresa de todos, el Bola aceptó sin rechistar: ¡cualquier sacrificio merecía la pena para librarse de aquella pesadilla! Quique maniobró el brazo de Godofredo, haciendo gesticular al esqueleto, aunque la despedida se vio interrumpida cuando apareció un pit bull en medio del jardín.

Ni Breno ni Bruno, ¡quién lo diría! ¡Era un pit bull de verdad!

La fiera salió de la caseta, donde dormía tranquilamente, y decidió descubrir quién la había despertado. El Bola escuchó los ladridos y pensó acercarse a la ventana, pero se sentía tan mal que

decidió ir al baño, la mezcla del miedo con el chocolate le había revuelto el estómago.

El pit bull, hasta ese momento, solo gruñía y ladraba. Los chicos se alejaban sigilosamente, caminando junto al muro y agolpándose tras Godofredo, hasta que uno acabó tropezándose con otro y todos comenzaron a correr. ¡Incluso el perro!

Biel cogió a Cris por el cuello y se la pasó a Quique, que gracias a su experiencia en capoeira fue el primero en trepar el muro. Helena dio un salto de bailarina y también subió con facilidad. Ambos alargaron los brazos y tiraron de Analuz y Cisco. Biel consiguió escurrirse solito, aunque antes juntó las manos e improvisó un trampolín para Isabela. Junior arrastraba el esqueleto por la espalda y llegaba con la lengua fuera cuando lo pescó la fuerza conjunta de Biel y Quique.

Solo fue el pobre de Godofredo quien no salió ileso. Es verdad que pudo escapar del jardín, pero se puede decir que no escapó del todo intacto. Los huesos de una pierna, de rodilla para abajo, al igual que todos los huesecitos del pie, quedaron presos entre los dientes del pit bull y desaparecieron en la caseta.

ASTRÁGALO, CALCÁNEO Y METATARSO

AL ABRIR las cortinas del laboratorio, el lunes por la mañana, el profesor de Ciencias tuvo la impresión de que faltaba algo. Echó una ojeada a los libros del estante, en la pizarra rebosante de fórmulas, y en las láminas, aparatos y vidrios de colores que hacían que la mesa pareciera la vitrina de una perfumería. Todo normal. Luego se giró hacia el rincón para hablar con el esqueleto, tal como hacía siempre que probaba una nueva teoría, no le salía algún experimento, imitaba la cara de Einstein, o simplemente cuando se sentía solo y necesitaba una clavícula amiga sobre la que desahogarse. Al girar hacia la pared solo vio el palo de escoba que sujetaba a Godofredo.

Se quedó tan perturbado con la desaparición que incluso tocó en la puerta del baño con la extraña esperanza de que Godofredo estuviera haciendo pipí. Aunque luego sospechó que lo habían podido robar. Salió disparado del laboratorio para hablar con la limpiadora, el bedel y el portero. Fue una pérdida de tiempo: nadie había visto al esqueleto salir del colegio. Finalmente se dirigió al despacho para contárselo todo a la directora.

Doña Zulmira seguía el relato con ojos de sorpresa, cruzó los brazos y se apoyó sobre la mesa para declarar solemnemente:

—¿EH?

Vivía con la mano detrás de la oreja, y cada día oía menos. Pero no servía de nada perder la paciencia y gritar, porque entonces pedía que se hablase más bajo y decía que no era sorda refunfuñando.

Tocayo volvió a repetir la historia dos o tres veces más, hasta que doña Zulmira comprendió que el esqueleto había desaparecido. De repente quería reunir a la clase, interrumpir el recreo y expulsar a todos temporalmente si no aparecía(n) el(los) responsable(s). Pero Tocayo tenía otro plan y obtuvo el permiso para actuar por cuenta propia.

Cuando los alumnos entraron en el laboratorio, pasó lista nombre por nombre, incluido Godofredo. El silencio se rompió con una risilla nerviosa. Tocayo llamó al esqueleto más alto y, sin respuesta, apuntó al palo de escoba vacío.

—Creo que nuestro amigo no ha venido hoy. ¿Por casualidad sabéis algo de él?

Nadie le encontró la gracia. Tocayo pasó entre los pupitres, para mirar a los alumnos a los ojos, y aseguró que el esqueleto no tardaría en volver al laboratorio.

—Por ahora —añadió— continuaremos estudiando el sistema óseo. Al no contar con el esqueleto de Godofredo, tendremos que utilizar el nuestro.

En ese momento la clase de Ciencias se convirtió en la de Educación Física. Tocayo hizo que los alumnos se levantaran, se subieran las mangas y tocaran algunos de los huesos más importantes —o al menos más evidentes—, como la clavícula, las costillas y la cadera. Después tocaba palpar la espalda, que solía ser trabajoso e incluso a veces producía tortícolis. Luego el profesor separó la clase en dos grupos y pidió a cada uno que punteara, vértebra por vértebra, la columna del otro grupo.

El experimento desató un carnaval de cosquillas y carcajadas. Tocayo pidió silencio levantando la mano y aprovechó para demostrar que estaba formada por los huesos del carpo y del metacarpo, además de mencionar que todos los dedos constaban de tres falanges.

—¿Tres? —inquirió Junior con pánico—. Creo que yo nací con un defecto de fabricación. Mi pulgar solo tiene dos.

Tocayo explicó que era así: tanto el dedo gordo de la mano como el del pie solo tienen dos falanges. Tras quitarse los zapatos, recomendó a los chicos que hicieran lo mismo y fue demostrando, con la nariz tapada y la voz gangosa, dónde estaban el calcáneo, el astrágalo, el metatarso y las falanges.

Helena no pudo contenerse y dijo en voz alta:

—Astrágalo me recuerda a una medicina para las lombrices. De las que son muy amargas, ¿sabéis? Que te tienes que tomar haciendo muecas y con ganas de volver la cara.

—A mí astrágalo me recuerda a estrella —dijo Analuz, clavando los ojos en las falanges del meñique—. Imaginaos: ¡Constelación de Astrágalo!

—De eso nada —dijo Cisco moviendo la cabeza—. Astrágalo es el nombre perfecto para el delantero centro de la selección nacional. Astrágalo, Calcáneo y Metatarso… ¿quién podría soportar su ataque?

Biel les había oído y murmuró irritado:

—En vez de decir sandeces, ¿por qué no buscan la forma de encontrar la pierna de Godofredo?

La intención de Biel era despertarse muy temprano, llegar al colegio antes de que comenzaran las clases y devolver a Godofredo al laboratorio sin que nadie notara su falta. Sin embargo, el inciden-

ASTRÁGALO
ASTRÁGALO

te con el pit bull cambió todos sus planes. Ahora estaba decidido a recuperar los huesos que faltaban ya que sentía la obligación de devolver el esqueleto completo.

Al oír la reacción de Biel, Quique le dio un codazo y un consejo:

—Habla bajo, chaval. El Bola está ahí.

No había motivo para preocuparse. Sentado, como siempre, en la última fila, el Bola ni palpó ni lo palparon, tampoco discutió el significado de astrágalo ni quiso quitarse las zapatillas: ocupaba el tiempo en doblar las hojas que iba arrancando del cuaderno donde escribía el mensaje de disculpa dictado por el esqueleto. Al acabarse la clase de Ciencias, fue a la puerta del laboratorio donde distribuyó avioncitos a casi todos sus compañeros.

El súbito ataque de humildad intrigó a los gemelos. No podían esperar a la hora del recreo para que les diera una explicación. ¿Qué rollo era ese de arrepentirse y pedir disculpas a toda la clase?

El Bola arrancó de una vez el envoltorio de un sándwich doble. En cuanto acabó de tragárselo, contó que el fin de semana había recibido la visita de Godofredo.

—Para —dijo Bruno—. ¿Quieres decir que...?

—¿... hablaste con un esqueleto? —añadió Breno.

Indiferente a la sorpresa del dúo, el Bola confirmó la historia y les hizo una advertencia:

—Tenéis que andaros con cuidado. Está suelto por ahí y puede asustar a cualquiera.

UNA COLECTA PARA EL PERRITO

BIEL se distraía en el otro lado de la cantina aplastando la chapa de una botella. Pero luego se cansó de la broma y le pidió ayuda a sus compañeros:

—Tiene que haber una salida. Godofredo no puede pasarse el resto de la vida debajo de la cama de mi hermana.

Helena se pasó la mano por la zapatilla y transformó la pregunta:

—¿Cuántos huesos hay en el pie?

—¡Y yo qué sé! —dijo Biel encogiendo los hombros.

—Según mis cálculos —aventuró Analuz—, unos veinticinco. Además de los dos de la pierna, la tibia y el peroné, que Godofredo también ha perdido.

—¿Para qué lo quieres saber? —cuestionó Isabela.

—Para averiguar —dijo Helena— cuántos huesos habría que modelar.

—¿Hacer qué? —preguntó Cisco.

—Modelar. Inspirándonos en los huesos de la otra pierna podríamos hacer una copia de arcilla. Después solo habría que pintarla de blanco.

—O quizás de escayola —sugirió Isabela—. Mi tío es ortopeda y se pasa la vida escayolando a otras personas. Quizás nos pudiera ayudar.

—Pero la escayola se rompe fácilmente —recordó Quique—. ¿No sería mejor de madera?

Desde palitos de polos hasta rodillos de pastelería, se inventaron mil maneras de sustituir el pie y la pierna de Godofredo. Pero ningún material parecía el adecuado. Junior, hasta entonces, solo abría la boca para masticar. Tras devorar un buñuelo, se limpió las manos en el pantalón y finalmente se metió en la conversación:

—He tenido una idea genial.

Se intercambiaron miradas incrédulas. La idea de Junior, casi siempre, era motivo de risa, y la panda no estaba para gracias. Ni siquiera esperó el apoyo de sus compañeros para presentar su propuesta:

—Creo que debemos volver a la casa del Bola.

—¿Y qué pasa con el pit bull? —preguntaron todos al unísono.

—Muy sencillo —respondió Junior—. Solo hay que llevar algo de merendar para despistar a aquella bestia.

Todos se volvieron a mirar... ¿tendría Junior razón? Nadie tenía mucho dinero en el bolsillo, pero con el cambio de la merienda hicieron una colecta para comprar carne de buey para el perro. Las chicas también colaboraron, aunque se vieron obligadas a mantenerse fuera de la expedición: Helena tenía clase de *ballet*, Analuz tenía que ir a clase de Informática e Isabela no podía faltar al dentista.

Después de la clase, los chicos pasaron por la carnicería, escogieron un buen trozo de filete y pedalearon rumbo a la casa del Bola.

La mochila tirada en el jardín demostraba que ya había llegado del colegio. Comenzó, entonces, un trabajo de equipo: Junior vigilaba la calle, poniendo toda su atención en los coches, y Cisco se encargaba de vigilar las ventanas de la fachada. Quique subió al muro y vio al pit bull en la puerta de la caseta. El olor de la carne cruda hizo que el animal gruñera, aunque Quique lanzó el filete al jardín justo a tiempo de librarse de los ladridos.

La comida mantenía a la fiera cabizbaja. ¡No había tiempo que perder! Biel soltó la mochila y saltó sobre el muro. Caminando por las piedras evitó hacer ruido con sus pasos y llegó hasta el final del jardín con la sigilosa rapidez de un gato.

¿Tendría el chico también siete vidas?

Biel estaba agachado frente a la caseta, con la mano palpando en la oscuridad, cuando miró hacia la esquina del jardín y vio que se había acabado el filete. Después de relamerse, el pit bull levantó la cabeza y no le agradó nada que hubieran invadido su territorio.

La salvación estaba en la higuera, la rama más baja estaba tan solo a un brinco. Pero Biel se precipitó, salió corriendo y el perro detrás de él. ¿Y ahora qué?

Solo le dio tiempo de pasar una pierna sobre el muro, la otra se le quedó colgando y se llevó un mordisco en los calcetines.

—¡Mi mochila! —gritó, sacudiendo la pierna y el pit bull.

Quique captó el mensaje y le lanzó al pit bull la mochila de Biel, que contenía nada menos que un diccionario, una gramática, un atlas de tapa dura y muchos cuadernos y hojas sueltas, además de un álbum de cromos adhesivos.

El animal vio la estrellas, como las de los dibujos animados, lo que permitió que Biel saltara el muro y aterrizara en el jardín. Solo tenía que empujar la puerta, subirse a la bicicleta y... ¡a la calle!

—Venga ya, Biel —gritaron los tres desde la acera—. ¿A qué esperas?

Salió sin los huesos del esqueleto y sin un trozo de calcetín. ¿Iba también a dejar sus libros? Tenía que encontrar la forma de evitar tal pérdida.

Al ver la mochila del Bola abandonada en medio del jardín, Biel decidió echársela a la espalda y llamó al timbre.

Los tres pensaron que estaba loco. Sin embargo, quien se sorprendió fue el dueño de la casa al abrir la puerta y oír la siguiente historia:

—Hola, Bola. ¿Qué tal? He venido a devolverte la mochila y recoger la mía. Creo que al salir nos confundimos y las intercambiamos.

—¿Es posible? —El Bola frunció el ceño—. ¿Pero dónde he dejado yo tu mochila?

La respuesta vino de la hermana del Bola. Arrastrando al pit bull por el collar, dijo que iba a sacar al perro y comentó que había una mochila tirada en medio del jardín.

Biel hizo el cambio, dio las gracias y se marchó conteniendo la risa, aunque en la esquina frenó bruscamente y casi provoca un atasco de bicicletas.

—El pit bull ha salido —le recordó a sus compañeros—. Vamos a buscar los huesos de Godofredo.

Los chicos volvieron rápidamente y aparcaron frente a la casa del Bola. Biel empujó la puerta, cruzó el jardín, pasó por encima del muro y re-

corrió el jardín con el corazón acelerado. ¡Era ahora o nunca! Se arrodilló delante de la caseta y estiró el cuello para mirar dentro: ¡estaba vacía!

CUIDADO, FRÁGIL

SIN tener en cuenta los consejos de Biel, Cris pasó toda la mañana jugando a las casitas con Godofredo y Julieta. Solo salió de la habitación una vez para ir al baño, pero no podía aguantarse y no tuvo tiempo de cerrar la puerta. Justo en ese momento, ni un minuto antes ni un minuto después, Lourditas se puso a barrer el pasillo.

Al ver el esqueleto sobre la cama, dejó caer la escoba, gritó socorro y entró corriendo en la habitación de su jefa. Neusa estaba cerca de la ventana intentando enhebrar una aguja. Pero al asustarse acabó pinchándose y preguntó con el dedo en la boca:

—¿Qué ha pasado esta vez?

Lourditas quería responderle pero no hacía más que lloriquear. Después de muchos sollozos dijo:

—El esqueleto del alma en pena, doña Neusa. Está ahí, en la habitación de Cris. Sigue persiguiéndome.

En vez de decir que era su imaginación y traerle un vaso de agua con azúcar, Neusa perdió la paciencia y pidió ver de cerca al fantasma. Lourditas se negaba a volver a la habitación de Cris, aunque prácticamente la arrastraron. Neusa abrió la puerta y se cruzó de brazos:

—Entonces... ¿dónde está el esqueleto?

Solo estaban sentadas en la cama Cris y Julieta.

—Se habrá metido debajo de la cama —dijo Lourditas—. O quizás esté dentro del armario.

—¿Quién? —preguntó Cris casi sin aliento.

Biel estaba haciendo los deberes justo cuando Lourditas dio aquel berrido. Al llegar al pasillo vio que Cris había dejado la puerta de la habitación abierta y sintió ganas de estrangular a su hermana. Pero no había tiempo para pelearse. Lo importante era huir con Godofredo.

Cris salió del baño pidiendo disculpas a su hermano y lo ayudó a transportar el esqueleto y sujetarlo a la bicicleta. Por lo tanto Biel y Godofredo pudieron escapar por el garaje, Cris volvió rápidamente a su habitación, cogió a Julieta en brazos y recibió a su madre con una sonrisa inocente. Aunque en el fondo estaba preocupada por el destino de Biel, ¿a dónde llevaría a Godofredo?

Ni el mismo Biel lo sabía. En principio pensó en dejarle el esqueleto a un amigo, pero después se

CRIS

acordó de la casa de sus abuelos —exactamente del taller donde Bolavo lo guardaba todo: muestras gratis de medicamentos, repuestos para el *jeep* y hasta los utensilios de magia. Pero antes tenía que esconder a Godofredo en una caja.

—¿Por qué no te pasas por el mercado? —sugirió la bicicleta—. Allí debe haber muchas cajas de cartón.

—Puede ser —suspiró Biel—. Pero es muy difícil conseguir una caja grande.

—Tú estás deprimido, ¿eh? ¿Sigues enfadado por la historia de ayer?

—Desanimado. Creí que encontraría los huesos de Godofredo dentro de la caseta del pit bull. Parece ser que se los comió todos.

—O quizás los enterrara —dijo Isabela—. A ese perro le encanta jugar a enterrar huesos.

Biel miró hacia el manillar con una sonrisa incrédula:

—¿Quién dice que no se los ha comido?

—No hay seguridad —respondió la bicicleta—. Solo esperanza. Si hay dos opciones, ¿por qué apostar por la peor?

Había un mercado de frutas y verduras justo en la esquina de la casa de los abuelos. Y, por casualidad, un montón de cajas vacías en la acera esperando al camión de la basura para que se las llevara. Biel eligió la más grande, metió a Godofredo dentro, puso la caja en el sillín y se marchó empujando a Isabela.

La abuela Dulce estaba en la cocina haciendo una tarta sorpresa para Bolavo, que había llamado para decirle que volvería de su viaje al día siguiente. Al ver al nieto abrazado a la caja, le preguntó qué secreto era aquel. Biel respondió que era justo eso, un secreto.

—¿Lo puedo guardar en el taller de Bolavo? Solo hasta mañana o pasado mañana.

Tras atravesar el jardín, llegaron a un cuarto anexo al garaje. Biel dejó la caja en un rincón, debajo de un estante lleno de sombreros, pañuelos, barajas de cartas y una paloma de cerámica que volaba cuando Bolavo decía las palabras mágicas. La puerta no tenía llave, pero la abuela Dulce le dijo a Biel que no se preocupara. Ningún ladrón se atrevería a enfrentarse a los bichos del jardín.

Sabrosa recompensa y esperanza

CUANDO llegaron al colegio, los estudiantes dudaron entre la risa o el espanto. Nadie pudo imaginarse que encontrarían retratos de Godofredo pegado en las paredes de las aulas, los pasillos, la biblioteca, el auditorio, la cantina, los vestuarios y los baños. El cartel colgaba de todas las paredes y columnas, estaba incluso en el polideportivo, en la red de voleibol y en las canastas de baloncesto:

SE BUSCA
VIVO O MUERTO

RECOMPENSA:
UN MES DE ALMUERZOS GRATIS
EN LA CANTINA

Con solo mirar a los carteles muchos alumnos comenzaban a babear. Parece que repentinamente el tiempo tenía otra medida: en vez de días, semanas y quincenas, los alumnos dividían el mes en perritos calientes, buñuelos y empanadillas. Los más golosos decían que las reglas del concurso no estaban suficientemente claras. En primer lugar, había que definir el concepto de almuerzo. El menú se limitaría a un refresco y un aperitivo salado, o, por ejemplo... ¿tendría derecho el vencedor a un helado de postre? Otra duda frecuente: ¿se podría repetir?, ¿cuántas veces?, ¿podía uno llevarse golosinas a casa? Y, al fin y al cabo, ¿un mes tiene treinta o treinta y un almuerzos?

La recompensa hizo rugir el estómago del Bola, aunque el susto hacía que su corazón latiera aún más rápido. Señaló hacia el cartel y le susurró a Breno y Bruno:

—¿No os dije que Godofredo estaba vivo? Ahí tenéis la prueba.

Los gemelos alegaron que la expresión «vivo o muerto» solo era una broma, todos sabían cómo era Tocayo, aunque el Bola concluyó el asunto con un gesto y no quitó el ojo de la ventana temiendo la súbita aparición del esqueleto.

Otro que estuvo callado toda la clase fue Cisco. No es que tuviera miedo, necesitaba concentrarse para hacer los cálculos. El chico pulsaba frenéticamente la pobre calculadora y llenaba páginas y páginas de garabatos con signos más y menos y multiplicaciones y porcentajes. En el recreo llegó al resultado final y se lo presentó a sus amigos:

—Veintiséis días, veinte horas y cuarenta y cinco minutos. Redondeando, veintisiete días.

—¿Y qué es ese número? —preguntó Biel con curiosidad.

—Si un esqueleto entero vale treinta días de cantina gratis, entonces Godofredo, sin la pierna, daría derecho a veintisiete días. Solo hay que calcular el tamaño de los huesos y hacer una regla de tres.

Biel comprobó los garabatos y rechazó esas cuentas:

—Nosotros sacamos a Godofredo del laboratorio y ahora tenemos la obligación de devolverlo. Sin pedir nada a cambio.

Todos estaban de acuerdo en que no era justo quedarse con la recompensa. Cisco acabó rindiéndose, aunque dijo que creía que era imposible devolver el esqueleto completo. Aunque los huesos estuvieran enterrados, ninguno de ellos era adivino para localizar el escondrijo.

—¿O queréis coger la azada y empezar a excavar el jardín del Bola?

Estaban reunidos en un rincón del patio cerca de donde los alumnos aparcaban las bicicletas. La pregunta de Cisco provocó un silencio abrumador. En ese mismo instante, Isabela le sonrío a Biel.

Al ver brillar las pecas de la chica, dejó de lado el desánimo y halló la inspiración necesaria para proponer una solución:

—El Bola debe saber dónde acostumbra a esconder los huesos su perro. Y si no lo sabe, que los busque. Es lo único que quiere Godofredo.

—¿No estarás pensando —preguntó Junior— en enfrentarte de nuevo al pit bull?

—Claro que no. Solo entraremos en el jardín cuando la fiera salga a pasear.

Hacer una obra de teatro en la ventana del Bola era un programa irresistible, aunque Analuz no parecía muy entusiasmada. Después de morderse la piel de las uñas, utilizó el meñique para subirse las gafas. Se quedó pensativa un instante y luego explicó el porqué:

—Para conseguir esa recompensa, el hambriento del Bola sería capaz de cualquier cosa. ¿Y si se atreve a ir hasta la ventana y coge el esqueleto?

—Podría ser —dijo Biel, que miró hacia el aparcamiento de bicicletas y le guiñó a la suya—. Pero si hay dos opciones, ¿por qué apostar por la peor?

Para responder a esa pregunta, celebraron una votación. Y salió vencedora la esperanza.

La última función de teatro

BIEL dijo que se había visto obligado a esconder a Godofredo en la casa de sus abuelos. Y tras terminar las clases se dirigió hacia allí con sus amigos. La abuela Dulce insistió en que los chicos merendaran, pero tenían más prisa que hambre y se fueron directamente al taller. Luego le quitaron la ropa a Godofredo, pusieron la caja en la bicicleta de Biel y se marcharon para la casa del Bola. Pero antes recordaron ir a buscar a Cris y Julieta. Era injusto, a esas alturas de la historia, que no participaran en la última función de teatro.

El pit bull estaba suelto en el jardín, los ladridos se podían oír desde la calle. Todos fueron hacia la esquina y desde allí observaban, vigilaban, bostezaban... ¡y nada de nada! ¿No saldría a pasear el perro hoy? Pensaban irse cuando finalmente apareció en la acera, arrastrando a la hermana del Bola, para la caminata de todas las tardes.

Esa vez no fue necesario saltar el muro. Al salir de casa con prisas, la chica olvidó cerrar la puerta del jardín. Sin embargo, las facilidades acabaron ahí. Los chicos se acercaron a la ventana del Bola y se decepcionaron por partida doble: la habitación estaba vacía y la ventana cerrada. La única que estaba abierta no era una ventana propiamente dicha, sino un ventanuco basculante por donde escapaba una canción desafinada y el vapor de un baño caliente.

Frente al ventanuco había una reja de hierro a la que Quique se agarró para espiar el baño: la temperatura del agua empañaba la mampara de la ducha, aunque no fue nada difícil imaginar de quién era aquella barriga llena de espuma. El vapor recordaba a una película de miedo y creaba el ambiente perfecto para que Godofredo entrara en la casa.

Cuando el Bola alargó el brazo para coger el champú, el esqueleto metió la mano por el ventanuco basculante y le hizo el favor de darle el tarro. El pobrecito dio un grito tan grande que su madre vino corriendo y llamó a la puerta del baño:

—¿Qué ha pasado, hijo? ¿Estás bien?

—No, na... nada —consiguió balbucear—. Solo ha sido un susto, ya pasó.

—Entonces sal ya del baño. Tenemos que ahorrar.

El Bola cerró la ducha y se encogió en la esquina. Podría haber salido corriendo, pero se quedó paralizado del pánico al mirar hacia el ventanuco y ver a la calavera empañada de vapor. Y habló casi lloriqueando:

—He hecho un montón de avioncitos, puse mis disculpas en las alas y se los di a todos mis compañeros. ¿Qué más quieres?

—Mi pierna —respondió Godofredo, haciendo eco en los azulejos húmedos.

—¿Has perdido una pierna?

—Perder, no he perdido nada. Me la robaron. Me la robó tu perro: la pierna y también el pie.

—Tiene que estar dentro de la caseta —dijo el Bola, temblando de un frío que en el fondo era miedo.

—Ya he mirado y no he encontrado nada.

—Igual los ha enterrado.

Los largos brazos de Godofredo penetraron por la ventana basculante, como si el esqueleto tuviera la intención de retorcerle el cuello al Bola. Biel endureció la voz aún más:

—¿Los ha enterrado dónde? El jardín es enorme.

—Debajo de la higuera, con total seguridad. Ahí es donde guarda las sobras de la comida.

—Solo volveré al laboratorio cuando encuentres mis huesos.

CHAMP

El Bola se puso la toalla y dijo que los buscaría ahora mismo.

—Ahora no —dijo Biel, antes de que el Bola apareciera en el jardín y descubriera la farsa—. Tengo que visitar la tumba de un amigo y no puedo esperar.

Los chicos se taparon la boca para no soltar una carcajada. En espera de las instrucciones, el Bola sintió el cuello pegajoso del sudor y decidió que necesitaba otra ducha. Godofredo sacudió la mandíbula:

—Haremos lo siguiente: tú pones los huesos en una bolsa y mañana, cuando vayas al colegio, los dejas en la puerta del cementerio. Sin falta, ¿eh? Porque de lo contrario...

Las reticencias eran aún peores que cualquier amenaza. Biel le hizo una señal a sus compañeros: ¡es hora de concluir el espectáculo! Todos salieron corriendo y llegaron a la acera en el mismo momento en que los gemelos aparecían por la esquina.

Breno y Bruno venían a buscar al Bola para dar una vuelta en bicicleta. Aunque cambiaron de idea cuando miraron hacia el otro lado de la calle y vieron a Biel guardando el esqueleto en la caja.

—Por eso desconfiaba yo —dijo Bruno, tirando hacia atrás de Breno por la oreja—. Biel robó a Godofredo para meterle miedo al Bola.

Ya estaba anocheciendo, por eso se despidieron sin hacer planes para el día siguiente. Más tarde, por teléfono, se pondrían de acuerdo sobre los detalles para rescatar los huesos del esqueleto. Biel y Quique siguieron juntos hasta la casa de la abuela Dulce, uno cargaba con Cris y Julieta, y el otro llevaba la caja en la bicicleta.

Los gemelos los siguieron y acabaron descubriendo el escondite de Godofredo. Breno quería ir a casa del Bola para contarle las novedades, pero Bruno consideraba que eran solo bobadas:

—¿Piensas que nos creería? Tengo una idea mejor.

En la calle había poco movimiento, pero incluso así, Bruno se bajó de la bicicleta y le dijo el secreto a su hermano al oído. Le habló tan bajo que no se pudo saber qué tramaban.

Entrega a domicilio

BIEL y sus compañeros desayunaron más pronto y se fueron con el uniforme y las mochilas hacia el cementerio. En frente había una plaza enorme, con árboles, estatuas y puestos de palomitas donde podía esconderse toda la panda. Se desperdigaron por los rincones y vigilaban la esquina por donde el Bola podría aparecer en cualquier momento con el saco de huesos. Después, solo habría que pasarse por la casa de Bolavo y la abuela Dulce que estaba solo a unas manzanas, montar el esqueleto y devolverlo completo al laboratorio de Ciencias.

El éxito del plan parecía asegurado: solo quedaba esperar que los huesos estuvieran bajo tierra, y no en la barriga del pit bull. Pero el retraso del Bola comenzó a preocupar a los chicos. Una mitad estaba pendiente de la esquina y la otra de la adrenalina que les subía por las venas; la adrenalina disparó todos los relojes.

—¿Habría ido el Bola directamente al colegio? —preguntó Cisco—. Si devuelve la pierna y el pie de Godofredo puede ganar el almuerzo de unos tres días.

Con temor de tocar huesos de muertos, el Bola dejó hasta el último momento el sacrificio de excavar el jardín. Estaba tan aterrado que llamó a los gemelos para pedirles que hicieran la labor. Pero la madre le dijo que sus hijos ya iban de camino al colegio.

El Bola no tenía a quien recurrir y se vio obligado a echarle valor. Pensándolo bien, buscar la pierna de un esqueleto era mejor que enfrentarse a un esqueleto sin pierna. Fue a la cocina, cogió una cuchara y una bolsa de plástico, se cubrió la mano como si fuera un guante y fue a cavar debajo de la higuera.

Después de encontrar un tornillo oxidado, media docena de canicas y una navaja que andaba perdida, finalmente palpó una tibia.

Justo después se dirigió al cementerio. Su mayor miedo era que Godofredo fuera a recoger personalmente el recado, por lo que no se molestó en aparcar la bicicleta. Dejó la bolsa junto a la puerta y se marchó sin mirar atrás.

Junior salió de detrás de la fuente, listo para atravesar la plaza, pero Biel le hizo una señal para que tuviera paciencia. Era mejor esperar un poco; ¿había pensado qué pasaría si el Bola decidiera volver? Sin embargo, tuvieron que dejar de ser prudentes cuando aparecieron unos perros famélicos que comenzaron a husmear la bolsa. Los chicos salieron corriendo y gritando que los dejaran en paz; alcanzaron la puerta del cementerio justo a tiempo de espantar a los chuchos.

Analuz abrió la bolsa e hizo una verificación detallada: todos los huesos en su lugar, ¡desde la tibia hasta la falangeta más pequeña! El único problema era que estaban sucísimos, el Bola no tuvo tiempo ni valor de sacudirles el polvo. Quien se encargó de la tarea fue Cisco, aunque su gripe ya había mejorado seguía teniendo un pañuelo en el bolsillo.

Al llegar a casa de sus abuelos, Biel empujó la puerta del taller y ni señal de Godofredo. Entonces le preguntó a abuela Dulce, que estaba apoyada en la ventana, dónde había guardado la caja.

—¡Uy! Acabo de dársela a tus amigos.

—¿Qué amigos? —Biel no se lo podía creer.

—Los gemelos. ¿No les pediste que se llevaran la caja? Es lo que me dijeron.

Le extrañó el silencio y sobre todo la mirada:

—¿Por qué?, ¿no era para dársela?, ¿hice algo mal?

No había tiempo para explicaciones. La abuela Dulce comentó que Bolavo llegaría de viaje esa misma tarde, pero Biel se marchó tan deprisa que no llegó a oír la noticia.

¿DÓNDE ESTÁ EL ESQUELETO QUE ESTABA AQUÍ?

BRENO y Bruno pretendían secuestrar a Godofredo. Pero no consiguieron pasar de la puerta. Ante la presencia de los intrusos, el jardín comenzó a ladrar, maullar, cacarear, arrullar, gorjear, croar, balar, parlotear, chasquear, crepitar, burbujear, en fin, todos los bichos y plantas juntaron sus voces y produjeron una alarma ecológica que impidió el asalto al taller. Pero no por esos desistieron los gemelos. Si no podían entrar a las malas, ¿por qué no entrar por las buenas? Fue entonces cuando llamaron al timbre y engañaron a la abuela Dulce, diciéndole que habían acordado con Biel llevarse la caja al laboratorio.

Antes de ir a la escuela, pasaron por la casa del Bola. Estaban tan ansiosos de contarle las novedades que dejaron las bicicletas y la caja en la acera, entraron en el salón haciendo una carrera y tiraron a la empleada en el sofá. Por si no fuera bastante, subieron las escaleras engullendo los escalones, revisaron las habitaciones y los baños y por fin se toparon con la madre del Bola sentada en la salita de la televisión.

La mujer les dijo que estaba preocupada con el comportamiento de su hijo: no quiso repetir los macarrones, hizo agujeros en el jardín durante un buen rato y salió de casa sin despedirse; ¿qué estaba pasando?

Los hermanos respondieron subiendo los hombros; bajaron las escaleras por la barandilla y volvieron a toparse con la empleada. Al llegar al colegio, se encontraron al Bola aún en la puerta, comprando un helado triple para compensar la falta de postre.

Inmediatamente se bajaron de la bicicleta, se acercaron al carrito de los helados y comenzaron a hablar a la vez. El Bola giraba la cabeza de un lado para otro, como si asistiera a un partido de *ping-pong*, y no tardó mucho en tener dolor de cuello. Ronco de tanto gritar, Bruno le tapó la boca a Breno y explicó que no había fantasma alguno, la historia era solo un truco, y que ellos habían encontrado el esqueleto que Biel robó del laboratorio.

—¿Lo dudas? —Bruno señaló hacia la parte trasera de la bicicleta—. Solo hay que abrir esa caja.

—¡Hum, hum, hum! —añadió Breno, intentando morderle los dedos a su hermano.

El helado y la cucharita mantenían ocupadas las manos del Bola, por lo que tenía una buena excusa para no tocar la caja. Bruno notó la fobia de su amigo y decidió bajar a Godofredo de la bicicleta.

En ese instante llegaron Biel y toda su clase al colegio. Al pasar por detrás del carrito, también ellos sujetaron la caja y comenzaron a discutir con los gemelos. La riña acabó en guerra campal, el cartón se rompió de arriba abajo; ¿y quién acabó en el suelo?

Por increíble que parezca, nadie. ¡Godofredo había desaparecido!

LA TIBIA CONTRA EL FÉMUR

EL MÁS flacucho de clase era también el más goloso. Andrés causaba envidia entre sus compañeros, sobre todo los gorditos, ya que, aunque comía bien y repetía, siempre tenía el mismo cuerpo, ni un gramo más, ni la hebilla del cinturón cambiaba de agujero ni avanzaba la barriga. ¿Barriga? ¿Qué barriga? A veces perdía el recreo por quedarse sobre el mostrador de la cantina, indeciso entre un buñuelo de pollo o una empanadilla de queso, al final devoraba ambos y remataba con un pastel. Gran parte de su paga la utilizaba en comer en el colegio, por eso daría lo que fuera por encontrar a Godofredo y atiborrarse con la recompensa.

Pero… ¿dónde buscar el esqueleto? Eso era lo que se preguntaba Andrés cuando pasó frente a la casa del Bola y vio una caja de cartón en la acera, junto a dos bicicletas. Tuvo curiosidad y abrió la caja: ¡allí estaba su mes de cantina! Se echó a Godofredo al hombro y siguió caminando, indiferente a las miradas, preguntas y risotadas a las que se tuvo que enfrentar hasta llegar al colegio.

Discutiendo alrededor del carrito de helados, Biel, el Bola y compañía no se dieron cuenta de que Godofredo acababa de cruzar la puerta. Fue el heladero quien dio la voz de alarma:

—Mirad, ¡qué gracioso! ¡Un esqueleto cargando a otro!

El temor de perder la recompensa hizo que Andrés cruzara el patio disparado, pero sus compañeros corrían y pedaleaban muy rápido y todos llegaron juntos al laboratorio de Ciencias.

Andrés fue hasta el final de la clase e intentó esconderse detrás de su mesa, aunque los gemelos lo cercaron, uno a cada lado, lo insultaron diciendo que era un ladrón y un flacucho y le quitaron el esqueleto. Biel dijo que ellos no eran quién para acusar a nadie de ladrón, al fin y al cabo habían cometido la cobardía de asaltar la casa de la abuela Dulce. Breno respondió con el dedo alargado:

—¿Ah? ¿Sí? ¿Y quién se llevó a Godofredo del laboratorio?

—Nosotros no hemos robado nada —añadió Bruno—. La vieja nos entregó la caja porque quiso.

Biel no pudo tolerar el atrevimiento:

—Porque mentisteis, eso sí. Y para vieja vuestra abuela.

Saltó sobre la mesa y arrebató el esqueleto de las manos de los gemelos. Pero no pudo evitar el acoso de sus compañeros; ¿quién no quiere comer todo un mes gratis?

Al no poder resistir los tirones y empujones, Godofredo tuvo el mismo destino que la caja que le servía de abrigo: el esqueleto, con nombre e historia, se convirtió en una montaña de huesos anónimos todos esparramados por el suelo.

El Bola se separó de la pared y, en medio de un súbito silencio, atravesó el laboratorio con los puños y dientes cerrados. Finalmente había comprendido que había hecho el idiota. Se acordó de todo lo que sufrió a lo largo de la última semana: las pesadillas casi todas las noches, la mano dolorida de doblar avioncitos y ponerles disculpas, la humillación de excavar el jardín para cumplir los caprichos de un falso fantasma. Y decidió vengarse.

Había huesos para todos los gustos, muchos puntiagudos y afilados, pero él tropezó con un fémur y no dudó en utilizarlo de espada. Presintiendo el ataque, Biel también decidió armarse y buscó el otro fémur. Aunque solo consiguió una tibia de la bolsa de plástico que trajo del cementerio.

Sus compañeros hicieron un círculo en medio del laboratorio. El duelo, tantas veces aplazado, comenzaría finalmente.

El Bola comenzó el ataque, le dio un golpe en medio del pecho y arrancó un botón del uniforme de Biel. Pero este se puso a la altura. Imaginándose que luchaba contra una barriga, miró al objetivo y le dio en el ombligo: ¡justo en el blanco! El escudo de grasa amortiguó el golpe, pero no pudo impedir la cara de dolor. El Bola se puso a la defensiva y acorraló al adversario contra la mesa. Con el fémur de Godofredo en el cuello, Biel fue curvándose hacia atrás y perdiendo la energía, la respiración y la esperanza. Ya estaba casi tumbado cuando vio en un rincón del aula a Isabela, animándolo con los dedos cruzados.

¿Qué más necesitaba para recuperar fuerzas? De repente recordó que tenía las piernas libres y utilizó sus propias tibias para darle un empujón al Bola. Ambos volvieron al centro del cuadrilátero con los aplausos y gritos de la afición. Tras un nuevo turno de golpes, subieron los brazos y apoyaron las espadas contra la pared, intentando empujarse entre sí y muertos de cansancio.

Por un instante se acercaron mucho y cara a cara fueron conscientes de que habían empatado: no solo en el duelo, eso no tenía tanta importancia, sino en la oportunidad de perder el miedo juntos. Perdieron, aunque también ganaron. En el fondo el empate era una gran victoria, de esas que

se merecen un baño de champán y beso al trofeo posando para las fotos y saludos al público desde lo alto del podio. Biel ya no necesitaba más teatro, y menos aún pastillas, para enfrentarse a cualquier amenaza de pelea. El Bola ya podía tocar un hueso sin sentir sudor frío ni náuseas.

ROMPECABEZAS DE DOSCIENTAS PIEZAS

ATRAÍDO por el griterío, Tocayo entró en el laboratorio sin decir siquiera buenos días y se abrió camino entre los alumnos con su rotulador transformado en antena. Miró hacia el suelo cubierto de huesos y comenzó a abanicarse con el dobladillo de la bata. Se agachó, se acercó a la calavera y le pasó la mano por la frente.

—¿Qué te han hecho, Godofredo?

A pesar del susto, parecía aliviado. ¡Los carteles que pegó por todo el colegio le habían devuelto a su amigo! Se giró hacia la clase:

—¿Se puede saber quién es el autor de tal terremoto?

Todos comenzaron a hablar a la vez, cada uno daba su versión, por lo que Tocayo no comprendió ni una palabra y desistió de la intención de descubrir dónde había estado Godofredo. ¿Merecía la pena encontrar a los culpables e imponerles un castigo? Prefirió ir hacia la estantería, cogió un volumen de la Enciclopedia Ilustrada de Ciencias Naturales y abrió por el dibujo de un esqueleto. Dejó el libro sobre la mesa, para quien quisiera consultarlo, y golpeó la pizarra con la antena antes de exigir lo siguiente:

—Quiero a Godofredo en pie antes del fin de la clase.

La misión no parecía imposible: se trataba solo de un rompecabezas. Lo único es que las piezas estaban dispersas por todos los rincones del laboratorio, incluso se rescató una clavícula de dentro de la papelera. Los estudiantes barrieron debajo de los pupitres y de la mesa y acumularon en medio del aula una montaña de escombros. Mirando al dibujo del libro y siguiendo las instrucciones de Tocayo, pudieron separar los huesos de las vértebras, reconstruyeron la columna vertebral y unieron las costillas con alambre. El siguiente paso fue encajar la pelvis al final de la columna e hilvanar los huesos de la pierna. Tras el duelo, la tibia y el fémur estaban algo arañados, pero el profesor hizo como si no se hubiera dado cuenta. Tampoco quiso investigar quién fue el gracioso que puso un trozo de hilo dental en la mandíbula de Godofredo.

Después de colgar los brazos, Tocayo puso el cráneo sobre la primera vértebra de la columna,

37
14
28
12
3
32
1
11
5
10
7
33
20
12
30
9
31
4
15

llamada atlas. Finalmente llevó el esqueleto a un rincón del laboratorio y lo amarró al palo de la escoba, momento en que la clase estalló en palmadas y silbidos.

Junior también aplaudió, aunque no pudo relajarse. Andando de un lado para otro, pasó la mano por dentro de los pupitres, miró detrás de las cortinas y de la pizarra, se inclinó sobre la ventana y se quedó mirando al patio. De repente notó la curiosidad de sus compañeros e intentó justificarse:

—La nariz de Godofredo, chicos. ¿Se habrá caído fuera?

Tocayo aclaró que la nariz está formada por cartílago, un tejido más maleable que el hueso, aunque su voz se perdió entre las carcajadas. Cuando sonó el timbre del recreo, llevó a toda la clase hasta la cantina y repartió la recompensa por el regreso de Godofredo: ¡perritos calientes gratis para todos los alumnos de la clase!

Isabela e Isabela

A LA salida del colegio siempre había alboroto, la mezcla de hambre, cansancio y añoranza congregaba en la puerta a una multitud de padres y alumnos, y congestionaba el tráfico frente al colegio, el silbato del policía no era suficiente para contener el escándalo de las bocinas. Entre tanto tumulto, Biel vio a Isabela cruzar la puerta y le preguntó por qué iba a pie. La chica le contó que su bicicleta estaba en el taller, un vecino se empeñó en hacer bicicross y acabó torciendo la rueda. Biel se ofreció para llevarla a casa, aunque en ese instante oyó una bocina familiar y reconoció el *jeep* azul marino. Le pidió a Isabela que esperara un minutito y atravesó la calle corriendo para recibir un agradable abrazo de su abuelo.

—Ya me deshice de aquel miedo —le susurró Biel a Bolavo—.Y no necesité pastilla alguna.

Sentada en el *jeep*, la abuela Dulce tenía en el regazo a su nieta, que a su vez tenía en el suyo a la muñeca. Preguntaron a la vez:

—¿Qué pasó? ¿Encontraste la caja?

Biel respondió afirmativamente y le hizo una señal a su hermana, dando a entender que más tarde le contaría todos los detalles. Bolavo sacó del bolsillo unos papeles:

—Entradas para el circo, ¡vamos!

—¿Pero ahora?

—Ahora mismo. Ya vamos tarde.

Tras aclarar la carraspera, Biel agradeció la invitación pero confesó que tenía otro compromiso. Bolavo miró hacia la puerta del colegio y comprendió el motivo del rechazo. Luego se escondió una de las entradas en la mano, le pidió a su nieto que soplase con fe y pronunció unas palabras extrañas. Abrió los ojos lentamente y aparecieron dos entradas para la matiné del domingo.

La abuela Dulce y Cris le tiraron besos y saludos y Bolavo se despidió con bocinazos. En cuanto el *jeep* llegó a la esquina, Biel volvió con Isabela, le mostró el resultado de la magia y la invitó a ir al circo el fin de semana. Ella aceptó con una sonrisa y subió a la bicicleta.

El sol ya se ocultaba y quizás ni siquiera hiciera falta. Isabela no tenía faro, pero las pecas de Isabela iluminaban el camino.

ÍNDICE

SI TE GUSTÓ ESTE LIBRO,

ESTO NO PUEDE SEGUIR ASÍ
Carmela Trujillo

Rosa nunca imaginó cómo sería vivir en aquel pueblo de la montaña. Tendría que convivir con un fantasma llamado Mariano, con las vecinas molestas que se presentaban sin avisar, con el pirata Torsoquemado... Y por si eso fuera poco, a su padre le alcanza un rayo y se convierte en el mejor jugador de ajedrez del mundo. Desde luego, «esto no puede seguir así».

NO TE PIERDAS...

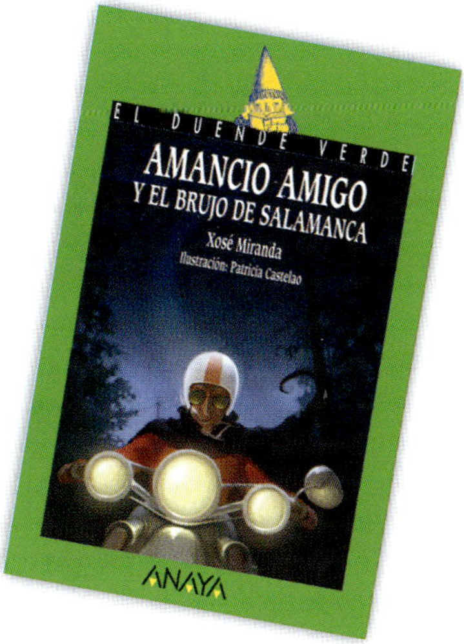

AMANCIO AMIGO Y EL BRUJO DE SALAMANCA
Xosé Miranda

Amancio Amigo, estudiante de magia, será capaz de desaparecer y transformarse en objetos y animales, vive apasionantes aventuras, y junto a la mejor literatura fantástica no falta el amor, la lealtad ni la necesidad de superar las más difíciles pruebas.

SI TE GUSTÓ ESTE LIBRO,

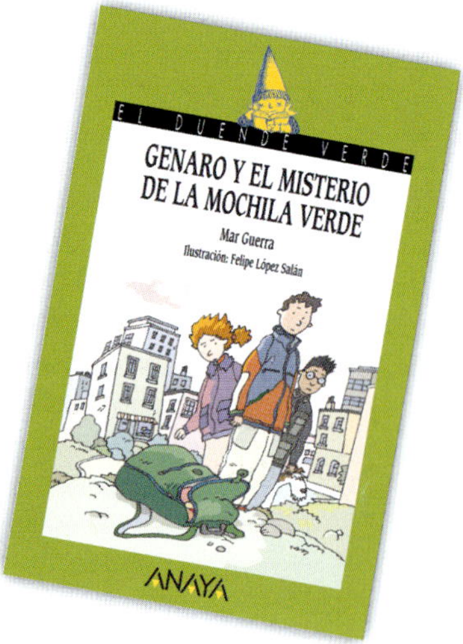

GENARO Y EL MISTERIO DE LA MOCHILA VERDE

Mar Guerra

A Genaro Conjota Mayúscula le gusta jugar al ajedrez, ver documentales... Pero, sobre todo, investigar, como un detective profesional, los misterios que surgen en su colegio. En esta ocasión, junto a sus amigos, buscará la solución a las extrañas desapariciones de objetos muy apreciados de todos los compañeros de clase y al misterio de la mochila verde que el nuevo alumno carga siempre a sus espaldas.

NO TE PIERDAS...

LOS DÍAS DE CASTROSIL
Sagrario Pinto

Martín va a pasar sus vacaciones en Castrosil, el pueblo gallego en el que vive su abuela. Allí conocerá a otros muchachos y recorrerá los parajes cercanos descubriendo una naturaleza arrolladora. Pero también desvelará un secreto que guarda su familia desde hace años y que le hará ver con otros ojos a su excéntrica abuela.